高校社科文库
University Social Science Series
教育部高等学校
社会科学发展研究中心

汇集高校哲学社会科学优秀原创学术成果
搭建高校哲学社会科学学术著作出版平台
探索高校哲学社会科学专著出版的新模式
扩大高校哲学社会科学科研成果的影响力

法国劳动合同法概要

Introduction to French Employment Contract Law

郑爱青／著

光明日报出版社

图书在版编目（CIP）数据

法国劳动合同法概要 / 郑爱青著. -- 北京：光明日报出版社，2010.4（2024.6 重印）

（高校社科文库）

ISBN 978-7-5112-0678-7

Ⅰ.①法… Ⅱ.①郑… Ⅲ.①劳动合同法—法国 Ⅳ.①D956.525

中国版本图书馆 CIP 数据核字（2010）第 046076 号

法国劳动合同法概要

FAGUO LAODONG HETONGFA GAIYAO

著　　者：郑爱青

责任编辑：刘　彬　　　　责任校对：叶衍瑛　张继定

封面设计：小宝工作室　　责任印制：曹　诤

出版发行：光明日报出版社

地　　址：北京市西城区永安路 106 号，100050

电　　话：010-63169890（咨询），010-63131930（邮购）

传　　真：010-63131930

网　　址：http://book.gmw.cn

E - mail：gmrbcbs@gmw.cn

法律顾问：北京市兰台律师事务所龚柳方律师

印　　刷：三河市华东印刷有限公司

装　　订：三河市华东印刷有限公司

本书如有破损、缺页、装订错误，请与本社联系调换，电话：010-63131930

开　　本：165mm×230mm

字　　数：218 千字　　　　印　　张：12

版　　次：2010 年 5 月第 1 版　　印　　次：2024 年 6 月第 2 次印刷

书　　号：ISBN 978-7-5112-0678-7-01

定　　价：65.00 元

序

劳动合同是一项重要的法律制度，劳动者和用人单位通过签订劳动合同以明确双方的权利和义务。为了规范劳动合同的各项问题，应在法律中对劳动合同作出明确的规定。这一切决定了《劳动合同法》在劳动法律体系中居于重要的地位。

在1949年全国人民代表大会常务委员会审议通过的《中华人民共和国劳动法》第三章“劳动合同和集体合同”中，对劳动合同规定了基本准则，它虽然对劳动合同的订立、履行和变更、解除和终止等确立了各项应遵守的规范，但是，从实施情况看，有些规定不够详细，有些规定已经不适应现实需要，还有些现实中出现的新问题需要规范。为了解决这些问题，全国人民代表大会常务委员会经过数次审议之后，于2007年6月29日通过了《中华人民共和国劳动合同法》，并已经于2008年1月1日起付诸实施。这一法律的颁布实施，是我国劳动合同制度的重要发展，也是我国现阶段加强保护民生的社会立法的重要表现。

在推行劳动合同制度方面，国外有些国家在劳动合同的立法和司法方面积累了一定的经验。为了使我国的劳动合同制度更加完善，很有必要了解和研究国外的劳动合同法律制度，以便从中吸取和借鉴有益的经验。

法国在20世纪50年代已开始制定劳动合同方面的法律规范，经过几十年的立法和司法的发展，法国在劳动合同方面积累了很多可供参考的经验。长期以来，我国劳动法学界就期盼着能有一本介绍法国劳动合同法的著作出现，现在郑爱青博士的这本著作正是满足了这一要求。

郑爱青博士的这本著作简明扼要地介绍了法国劳动合同制度的主要内容，是目前国内第一本介绍法国劳动合同制度基本内容及其最新发展的著作。通过这一著作，我们可以了解到法国在劳动合同概念使用上的历史演变、劳动合同界定标准的探讨和应用问题、法国关于固定期限劳动合同的立法趋向及其原因，学习到法国劳动合同立法规范的基础分类是以固定期限劳动合同和无固定期限劳动合同为主线展开的，了解到法国关于经济性裁员的立法规范和司法监督情况，以及关于非全日制工、劳务派遣的立法态度。特别是，通过该著作，我们还能真切地感受到法国劳动合同立法和实践中，学界、立法界和司法界的密切互动关系，看到法官和司法判例在劳动法理论和司法执法中的重要地位和作用。整个著作的内容体现了劳动法理论和司法实践的结合。该书可以拓宽我国劳动法学者研究的视野，也可以为我国劳动立法、司法和实务人员提供重要的参考。

郑爱青博士长期从事劳动法的教学与研究，是著名的劳动法学专家。她在积累了多年的劳动法教学与研究经验之后，又到法国巴黎第一大学留学六年，学成回国后，每年受法国一些著名大学的邀请去讲学，和法国劳动法学界保持着密切的交往，使得她对于法国劳动合同制度的理解更加深入。该书是她近十年来研读法国劳动法的成果之一。在我国《劳动合同法》起草期间，她也曾为立法机关提供过法国劳动合同法的立法信息。

由于目前国内劳动法学界懂法语的人还很罕见，同时，国内关于国外劳动法的第一手资料和信息十分匮乏，所以，这本著作就显得更是难得可贵。我高度赞赏本书的出版，坚信这本著作会对我国劳动合同立法、司法和教学研究具有重要的启示和参考价值。

中国法学会社会法研究会名誉会长
北京市劳动法和社会保障法研究会名誉会长 关怀

2009.12.31

CONTENTS 目　录

第一章

劳动法渊源

法国劳动法的渊源有三大类：第一类是国内范围内的法律表现形式，包括宪法、劳动法律法规和最高法院的司法判例；第二类是超国家范畴的法律表现形式，包括欧盟立法、国际劳动立法等；第三类是行业性规范，主要是行业集体合同、行业或企业惯例。这些不同形式的规范，制定主体是不同的，有的是公共权力机构制定的，如国内劳动立法、欧盟立法，以及法国批准或者参加的国际性和地区性公约；有的则是非公共权力机构制定的，包括双方性规则，如集体合同或者集体协议，也包括单方性规则，如企业惯例。

一、国内层面的劳动法渊源

1. 宪法与宪法性权利

法国现行宪法是第五共和国于 1958 年制定的《宪法》。从 1789 年资产阶级大革命以来，法国共经历了五个共和国，每个共和国都制定了自己的《宪法》。关于宪法性权利，是指法国宪法委员会称为具有“宪法价值”的权利。宪法委员会认为，1958 年宪法、1946 年宪法序言（被 1958 年宪法采纳为序言）和 1789 年《人权宣言》中确认的权利，以及 1946 年宪法序言中所指的“共和国法律所认可的基本原则”，都是具有“宪法价值”（à la valeur constitutionnelle）的权利。这几个宪法性文件组合在一起，构成学界所称的“合宪性规范集群”（bloc de constitutionnalité）。在劳动者享有的权利中，具有“宪法价值的权利”主要有以下七项权利：工会自由权、罢工权、参与企业管理和劳动条件决定的权利、健康权、物质保障权、休息和娱乐权、就业权。

与我国情况不同的是，法国宪法可以被当事人直接援引来保护自己的权利，法院也可以直接援引宪法的规定来判案。例如，最高法院曾经根据“罢工这一宪法性权利”、“劳动自由这一宪法性原则”、“平等这一宪法性原则”来直接判案。

法国宪法委员会负责监督法律的违宪性。在劳动法律方面，宪法委员会也经常被申请就某个即将通过的劳动法律的某个条款是否违宪作出决定。在此类违宪审查中，如果涉及到两项权利发生冲突，其中一项属于基本权利，即宪法性文件中确认的权利和普通法律中规定的人享有的、不可克减的权利，而另一项属于普通权利，那么，宪法委员会肯定是优先保护基本权利。如果涉及到的两项权利都属于基本权利，即基本权利之间发生冲突，宪法委员会通常依据“一般利益”（intérêt général）的标准来决定哪一项权利应当受到更优先的保护。① 当然，宪法委员会也会参照其他标准来判断优先保护的对象。我们看到在宪法委员会于2002年1月12日作出的一个关于劳动法领域的决定中，采取的标准是“适度原则或/和比例原则”。它认为，2001年12月19日的“社会现代化法案”（loi de modernisation sociale）中的第107条关于经济性裁员的定义“是对营业/从业自由（liberté d'entreprendre）的侵害，从所要追求的维护就业的目标角度看，这一侵害是过分的”②，因而该法的第107条违宪。显然，宪法委员会在两项具有“宪法价值”的权利和自由之间——“营业/从业自由”和“获得工作的权利”③，倾向于优先保护“执业/从业自由”，因为“获得工作的权利”仅是“营业/从业自由”的一项表现。

2. 法律和法规与《劳动法典》

根据1958年《宪法》第34条的规定，劳动法、工会法和社会保障方面的基本原则是议会通过制定法律的形式确定的。④ 政府只能制定行政法规来落实这些法律规定。自1841年限制童工劳动的第一部劳动法律制定以来，劳动

① Rémy Cabrillac, Marie-Anne Frison-Roche, Thierry Revet 主编：《基本自由和权利》（Libertés et droits fondamentaux），达鲁兹出版社（Dalloz），2006年第12版（12e édition），第91页。

② 2002年1月12日宪法委员会的决定（DC du 12 janv. 2002），政府公报（JO），2002年1月18日，p. 1053. http：//www. conseil-constitutionnel. fr 2001年12月19日的“社会的现代化法”第107条把因经济理由的解雇定义如下：“因为一个或多个与雇员个人无关的理由，因为企业采取各种措施也无法克服的严重的经济困难；或者技术工艺的改变，打破了企业原有的安详氛围；或者为了保住企业的活动而必须进行的重组，从而导致雇员的岗位被取消、转换或者劳动合同被变更，这时的解雇称为因经济理由的解雇。”这一条被宪法委员会认定为违宪，因为“由于企业采取各种措施也无法克服的严重的经济困难”这样的表述，使得法官在审理这类纠纷时，有可能干涉雇主的经营权，可能构成对雇主的营业自由（liberté d'entreprise）的损害，这一损害和所要追求的目标即维护雇员岗位相比，损害过当。

③ “营业自由”规定在1789年《人权宣言》第4条；“劳动的义务和获得工作的权利”规定在1946年宪法序言中。

④ 1958年宪法第34条通过规定立法权限，将立法权与行政权分开，属于议会通过制定法律确定的事项不得由政府制定法规干涉（政府可以制定法规落实法律规定），除非在少数情况下，议会将法律规定的事项明确授权给政府确定。

法方面的法律一直都是劳资关系调整的主要手段，因为相比其他欧洲国家而言，法国劳资团体之间的集体谈判和集体合同制度发展较晚，劳动关系主要靠成文法来调整，行业集体合同只是近些年来才逐渐成为调整劳资关系的重要补充手段。

法国主要的劳动法律和法规都汇编在《劳动法典》中。法国《劳动法典》最早一次编撰是在1910年，到1927年，一共进行过四次编撰，1973年又进行过一次重要的编纂。此后，劳动法方面的法律和法规数量日益庞大，每次新制定的法律、法规都立即编入《劳动法典》中，日积月累，使得《劳动法典》中的条文逻辑越来越混乱、条文的层次增多、并且参见性条文（不直接写出条文内容，而是指向别的出处的条文）数量增加，使得《劳动法典》在20世纪末日益成为一个难以让普通劳动者接触、了解和掌握的、零乱的体系，于是，劳动法界日益感到有重新编撰《劳动法典》的必要。2004年政府成立了专门委员会，委员会花费了近四年时间，整理编撰了新的《劳动法典》，于2008年5月1日开始适用。

2008年新《劳动法典》编排的体例有了较大变化，内容分类更加清晰，结构更加合理，减少参见性条文，更容易让非专业人士查询。从总的条文数量看，新《劳动法典》作了大幅增加，一方面是对原来条款作了重新调整，另一方面也把最新通过的法律法规一并吸收进来，所以，条款数量从4363条增加为9964条。2008年的《劳动法典》在内容组成上仍然由法律和条例两大部分组成，分别用字母L和R表明，即L表示法律卷，R表示法规卷。每卷按照内容不同，分为八个部分（partie）：第一部分——个人劳动关系；第二部分——集体劳动关系；第三部分——工时、工资、分享与参与；第四部分——劳动安全卫生；第五部分——就业；第六部分——终身职业培训；第七部分——某些职业的特别规定；第八部分——劳动法的监督检查。内容的结构层次由部分（partie）、卷（livre）、编（titre）和章（chapitre）组成。每个条款先由L或者R表示法律或者法规，然后由两部分数字构成，前面部分是4位数字，后面部分是1位数或者2位数，两部分数字用连接符-连接，如第Art. L. 1235－1条，L表明该条款属于法律类，区别于Art. R. 1235－1，R表示该条款属于法规类。Art. L. 1235－1和Art. R. 1235－1的四位数中的第一位数1表示该条款内容属于第一部分（partie）“个人劳动关系”，第二位数2表示第一部分中的第二卷（livre）“劳动合同”，第三位数3表示第二卷中的第三编（titre）“劳动合同的解除”，第四位数5表示第三编中的第五章（chapitre）

“对非法解雇的异议和处罚”，－1（或者－2，－3，－4…）表示第五章“对非法解雇的异议和处罚”中的各项具体条款，一般按照逻辑顺序排下去，可能是一位数，也可能排到两位数，如第 Art. L. 1235－10 条。

3. 司法判例

司法判例是劳动法的重要表现形式。司法判例必须是上诉法院和最高法院的判决，基层法院判决不能成为司法判例。此外，一项判决要成为司法判例，还必须具有足够的公示性，即它本身提供了重要的信息，而且这一信息在相关的法律领域和行业中被广泛地接受了。因此，司法判例往往是多方面作者合作的结果。一般来说，一项判决成为司法判决需要有如下的程序：法官根据判决的重要性决定公布某一判决的方式①、法官对即将成为判例的判决进行编辑（摘要、关键词等）、专业杂志的编辑在刊登该判决时的必要编辑。

最高法院判决在劳动法判例的形成中具有重要地位。在劳动法某些领域，法律法规较少干预，其基本规则基本上都是来自最高法院社会庭的判决，如罢工、劳动条件变更、竞业限制条款等方面，关于经济性裁员的司法判决也能看出最高法院社会庭在实施《劳动法典》关于裁员规定上的态度。最高法院刑庭关于违反工会法和员工代表法律的刑法处罚，以及安全卫生方面的刑法责任方面的判决也构成重要判例。

最高法院的判决在劳动法中具有重要地位，还表现在，重要的判决往往都有学者的评论，学术刊物和司法判例汇编在公开发表判决的同时，也同时发表学者对这一判决的评论，即围绕着司法判决，已经形成了学界和司法实务界之间的固定交流和对话机制。

最高法院判例的态度也并非一成不变，在某些方面具有一致性和一贯性，但在某些领域则会出现摇摆，甚至重大变革。例如，关于何谓劳动合同的变更，最高法院社会庭在 1996 年以前曾经区分劳动合同的主要变更和次要变更，依此为依据判断变更是否需要得到双方当事人的同意，如果属于主要变更，就需要得到双方当事人的同意，如果不属于主要变更，雇主就有权单方变更，雇员必须接受变更。但是，1996 年的几项判决开始不再依此为划分标准，而是

① 最高法院的判决公布方式由各个审判庭决定公布方式的等级：在判决公报上的普通公布（D 类）和快速公布（P 类），对下级法院有影响的、在双月刊的信息公报上公布的（B 类），和在法院年度报告中提到的重要的判决（R 类）。如果一项判决属于 P＋B＋R 分类的，就属于最高法院的最重要的判决。最高法院有相应的机构来制作各类判决公报和信息发布，在网站上（www. courdecassation. fr）也能查到双月刊的判决信息公报。

引入了“劳动条件的变更”，区分变更属于劳动合同的变更还是属于劳动条件的变更，如果仅仅属于劳动条件的变更，那么雇员就有义务接受雇主单方提出的变更建议，如果属于劳动合同的变更，雇主就无权单方进行变更，必须得到雇员的同意才能变更。

二、超国家层面的劳动法渊源

1. 欧盟法

欧盟（Union européenne）法是指包括欧盟条约、条例和指令在内的、效力高于欧盟成员国国内法的所有规范。欧盟条约中有很多涉及劳动社会领域的规定，欧盟还制定了多个劳动法方面的条例和指令，条例（règlement）在成员国国内具有直接适用性，指令（directive）需要国内法来转化落实。无论是条约，还是条例或者指令，其位阶都高于成员国国内法，国内法不得违反欧盟法。

法国曾经有过违反欧盟法而不得不修改国内法的经历：旧《劳动法典》中的 Art. L. 213 -1 条（即法律卷第 213 -1 条）曾经禁止工业中的女工作夜工，这一条款被欧盟法院 1991 年 7 月 25 日的判决宣布违反了欧盟法的男女职业平等原则。根据欧盟 1976 年 2 月 9 日关于实施男女在就业、培训、晋升和劳动条件上平等原则的指令第 5 条，当成员国对男性雇员夜间劳动没有任何禁止的情况下，也不得立法禁止妇女从事夜间劳动，即使禁止妇女夜间劳动有例外情形。不过，法国直到 2001 年才通过立法修改了该条款。修改后的第 L. 213 -1 条，即 2008 年新编的《劳动法典》第 L. 3122 -32 条规定：“夜间劳动属于例外。必须在保证劳动者健康和安全的前提下，并且为经济活动或者服务的连续性所要求的情况下，才可以要求劳动者进行夜间劳动。”此外，为了遵守欧盟法的规定，法国不得不从已经批准的国际劳工组织关于禁止女工作夜工的公约中退出来。

欧盟在劳动法和社会保障方面的目标是协调和趋近成员国国内法，并不是、也不可能达到统一。欧盟在劳动力内部自由流动、职业平等、企业转让、劳动合同、工作时间等方面都制定有为数不少的指令；在相关就业、企业委员会、劳动安全卫生和社会保障方面制定有少数条例。

欧盟法院，其前身是欧共体法院（CJCE），其判决具体反映了欧盟司法机构对于欧盟条约、条例和指令的适用，也构成欧盟法的组成部分，也对成员国立法和司法机构有直接影响力。

2. 国际劳工组织公约

法国作为国际劳动组织（ILO）的成员国，截至 2008 年已经批准了国际劳动组织通过的188个国际劳动公约中的124个，属于批准该组织公约最多的国家之一。根据法国宪法规定，批准的国际公约在国内具有直接适用性，其效力高于国内法，国内法不得违反批准的国际公约，否则国内法必须废除。近年的典型例子就是2005年新雇佣合同法。为了促进就业，法国在2005年通过新雇佣合同（CNE）法，鼓励雇主招聘雇员但是允许雇主在雇佣后的两年内可以无理由解雇雇员，2007年11月14日国际劳工组织的一项决定宣布这部法律违反国际劳动组织第158号公约，因为该公约要求解雇必须有理由，法国批准了该公约。

此外，欧洲理事会通过的1950年的《人权宣言》和1969年的《欧洲社会权利宪章》都是高于国内法的地区性公约，也对国内法有约束力，当事人可以直接援引其中的规定在国内法院主张自己的权利。

三、职业性规范

1. 集体合同/集体协议

根据涉及到的内容为全部劳动关系，还是某一项劳动关系的内容，法国有集体合同和集体协议之分。劳资团体就劳动关系中的各个方面内容达成的协议称为集体合同（accord collectif），如果仅仅就其中一项内容达成协议，就称为集体协议（accord collectif），如关于工资的协议，就称为工资集体协议。集体合同/集体协议在法国劳动法中的地位逐渐上升。历史上，集体合同/集体协议没有得到应有的重视，只是从20世纪80年代以来才得到不断发展。近年来，行业性集体合同或者全国性集体合同具有为法律出台提供前期预备的作用，几项全国性集体合同的内容都被后来的法律予以确认。这种趋势表明劳资自治的加强和国家干预的减少。

一般而言，行业性集体合同在调整劳动关系中的作用尤为重要，行业性集体合同中规定了的内容，就不需要再订立个人劳动合同来重复规定，只有行业性集体合同中没有规定的内容才需要劳资双方单独在劳动合同中约定。近年来，随着全球化影响的加深，政府开始加强企业层次的集体合同的作用，允许企业内部劳资通过集体合同在某些方面对法律作出变通性的规定。法国法赋予集体合同/集体协议具有规范的效力，即签订该合同或者协议的劳资团体的所有成员都要适用，不论该雇主或者雇员是否是雇主协会或者工会的会员。另外，集体合同/集体协议的效力高于劳动合同，它生效后立即并且自动取代劳动合同中的不同规定，除非劳动合同中的规定对劳动者更有利。

集体合同可以很好地起到补充劳动法律法规的作用。例如，关于雇员的辞

职预告期，法律没有规定，而是由行业集体合同来规定。

行业集体合同在内容上要规定比现行法律法规更加有利于劳动者的条款，即“优待原则”（principe de faveur），但是不得违反现行法律法规中属于“公共秩序”（ordre public）的规定。在个人劳动关系上，属于“公共秩序”性质的规定即现行法律法规中关于最低工资、带薪休假、解雇程序、预告期和辞退补偿金等的规定。在集体劳动关系上，属于“公共秩序”性质的规定即法律确立的工会自由和非歧视原则。如集体合同规定解雇企业中工会会员的条件比解雇普通雇员的条件更优惠，就与法律规定的“任何雇主不得在决定招聘、工作条件、职业培训、晋升等方面考虑雇员的入会状况”相冲突。集体合同服从“公共秩序”的要求随着灵活性的考虑，也有个别的变通（dérogation）：一是在 1982 年 1 月 16 日的一项法规允许行业或企业集体谈判对法定的加班时间进行突破；二是 2000 年以来允许雇主和工会在落实每周 35 小时工作制过程中协商更加灵活的方式，如把每天多工作的时间积累起来增加额外的休假。

2. 惯例

行业或者企业惯例是行业内或者企业内长期存在的、某种固定做法。惯例一般是没有任何书面形式，但是对雇主有约束力，雇员可以援引惯例来主张自己的权利。惯例的内容可以多种多样，例如第十三个月工资、年终奖、给在辞职或解雇预告期内的雇员每天两个小时的求职时间、在某些岗位上使用固定期限合同的做法，等等。行业或者企业的一种固定做法要具有普遍性、持续性和确定性才可以成为惯例。普遍性是指适用于企业内的全体员工；持续性是指过去几年里一直在适用的；确定性是指内容非常具体确定。雇主为了不受某项惯例的约束，可以取消某项惯例，但是必须告知员工代表和全体雇员，并且要留出足够的时间，否则雇主的取消行为无效。由于成文劳动法的发展，惯例在劳动法中的地位越来越下降。立法者已经把某些惯例休息日规定为法定假日，工会倾向于把曾经存在的惯例纳入集体合同中。

除上述主要的劳动法渊源外，也有少数学者把企业内部规章制度和劳动合同也视为劳动法的渊源。

第二章

招聘与求职

法国劳动法在劳动合同订立前的招聘阶段，对于招聘方式、招聘行为和招聘对象都有很多不同于我国劳动法的规范，其中不乏值得我们借鉴之处。

第一节 职业自由

一、职业自由的含义和重要性

法国学者认为，职业自由（liberté professionnelle）（或从业自由）仍然是法国社会演变中时间较短的一个历史进步。资产阶级大革命前实行行会制度，人们没有职业自由，要想进入某个职业，必须加入某个行会。资产阶级大革命后的1791年3月17日Allard法令废除了行会制度，确立了职业自由和从业自由的原则——人人都可以开业成为雇主，或者成为自我雇佣者，或者成为别人的雇佣对象。这一原则的确立在法国具有重大历史意义。它开启了法国劳动力市场。

职业自由或者从业自由包括营业自由（liberté d'entreprendre）和劳动自由（liberté de travail）两个方面，前者也称为工商业自由（liberté du commerce et de l'industrie），是指成为自我雇佣者或者雇主，后者是指被他人雇佣的劳动自由（liberté du travail）。营业自由和劳动自由，就像一个硬币的两面一样，反映出职业自由的两种表现——根据职业自由原则，人人都可以成为雇主，包括未成年人，如果他继承了土地，他可以通过代理人成为雇主；人人也可以自由地接受别人的雇佣，用自己的劳动力获取报酬来生存。

法国宪法委员会1983年确认职业自由原则是具有宪法价值的原则。① 凡

① 宪法委员会1983年5月28日的决定（n°83-156-DC），《行政法现刊》（AJDA）1983年第619页。

是被宪法委员会确认为具有宪法价值的原则都是法律领域的最高原则，其他的权利和自由不得与其相矛盾、不得对其带来损害。

二、营业自由与劳动自由

1. 法律对营业自由的保护和限制

根据营业自由，人们可以开业自主经营，成为雇主。对此，宪法委员会认为，雇主出于对自己企业的负责，应当有权力选择合作者。[①] 也正是因此，法国劳动法上，对于不当解雇的普通雇员，法律不要求雇主一定要恢复雇员的工作岗位，因为，雇主有权选择和什么样的雇员来合作，即资本和劳动之间也是合作关系；而对于被不当解雇的“受保护雇员”（salarié protégé）（员工代表、工会代表等），法律要求雇主恢复他们的工作，因为，这些“受保护雇员”不仅代表个人，更重要的是代表劳动者集体，而劳动者的集体代表权必须得到雇主的尊重。

正是基于开业/营业自由，人们可以自由地经商、开工厂、办公司等等，法律保护这一重要的自由，很少设置限制。但是，对于某些职业也是有些进入条件的限制的，有的行业有文凭的要求，有的有资格的要求，例如，进入律师和医生行业，都必须在规定的行业公会注册，有的还要有预先缴费的条件，如司法送达员、公证人。

2. 法律对劳动自由的保护和限制

1791 年法令废除行会制度后，人们有了从事各种职业的自由。在这些自由中，首先得到发展和确认的是营业自由，即工商业自由、自由开业和经营的自由，成为独立劳动者。历史需要再往前发展几十年，劳动自由才得到确认。1864 年 5 月 25 日的法律用刑罚制裁罢工人员对于个人劳动自由带来的危害以及对于雇主工商业自由带来的损害。劳动自由被援引用来保护非罢工人员的劳动权利，禁止罢工人员妨碍非罢工人员的劳动。劳动自由包括劳动的自由和不劳动的自由两层含义。

1946 年宪法序言规定：“人人有劳动的义务和获得工作的权利。”劳动者有获得工作的权利，这是宪法规定的劳动权，意味着国家有责任实现充分就业，使得每个想工作的人有可能获得工作。在 1982 年 1 月 5 日的一项决定中，宪法委员会从职业自由的角度确认了公民的劳动权。也正是职业自由原则保障

---

① 宪法委员会 1988 年 7 月 20 日的决定（n°88-1244-DC），《达鲁兹》（杂志）（Dalloz）1988 年 J 类第 269 页。

了劳动者有权到劳动市场上去寻找工作。

法律对于劳动自由也提出了一些限制条件，例如就业年龄的要求、文凭资格等要求。但是，法律更加强调雇主的行为对雇员劳动自由的限制必须很谨慎。例如，对于劳动合同中约定的竞业限制条款和劳动关系唯一性条款，法律仍然强调劳动自由原则的优先，对于这些条款的合法性要进行具体判断，并非是双方约定就从约定，它们必须符合两项基本要求：一是为保护企业合法利益所必需；二是必须和追求的目标相比合比例，即适当，不得过当，否则，就构成对劳动者劳动自由的侵害（具体条件见“无固定期限劳动合同内容部分”）。

有著名学者认为，职业自由原则在法国有效地保护了入会的劳动者能够得到工作而不被歧视。① 这一原则使法国在招聘方面，不同于美国和英国。美国雇主可以将要求新招聘的雇员加入到某个工会中作为招聘的条件。英国历史上曾经也有这类做法，称为 closed shop，即雇主只招聘某些已经加入某一工会的劳动者。

3. 营业自由和劳动者具体权利的协调

公民的自由和权利之间常常发生冲突，为此，需要确认哪些权利和自由更加重要，具有优先地位。营业自由属于职业自由的一个表现，法国宪法委员会已经确认职业自由是具有宪法价值的原则，所以，其他权利不得侵害它。法律规定雇员有权参与劳动条件的制定、参与企业管理等，这一方面确认和保护了雇员的权利，但是，同时，也是对雇主营业自由的限制。对此，宪法委员会提出了“合比例”的要求（即适当原则），也就是说，对营业自由采取的限制措施和这些措施所要达到的目的相比不得比例失当。近期最典型的例子，就是上文提到的宪法委员会对于 2001 年 12 月 19 日关于社会的现代化法第 107 条提出的经济性裁员定义的违宪认定（见第 2 页）。

三、招聘自由与平等原则

招聘自由是营业自由的具体体现，是雇主选择劳动力来开始经济活动的一种行为。有了营业自由，就有了招聘自由。资产阶级大革命推翻了封建制度，引入了自由契约原则和私有财产不可侵犯原则，为招聘自由提供了法律保障。

为了保护劳动者和社会公共利益的需要，法律也对招聘自由设定了一些限制，例如，上文提到的就业年龄的要求、文凭资格的限制等。在法国历史上，

① François Gaudu 著《劳动法》(Droit du travail)，达鲁兹出版社（Dalloz），2007 年，第 63 页。

政府曾经从程序上限制招聘自由。例如，二战后为了集中某些工业化建设，1945 年 5 月 20 日的一项法律要求招聘必须得到事先的批准，但是这一批准采取默认式的批准：雇主提出书面申请，政府没有异议即意味着得到批准。随着经济的发展，实践中这种事先招聘批准越来越少，越来越过时，1986 年 12 月 30 日法律取消经济性裁员的事先批准，同时也取消了招聘的事先批准制度。

对招聘自由最大的限制是法律确认的平等原则。平等原则是法律劳动力市场和劳动法的一项最重要的基本原则。1789 年的《法国人权宣言》第 1 条规定："在法律上，人人生而自由、平等。"第 6 条确认："法律一视同仁，不论是保护方面，还是处罚方面。"

法律明确禁止招聘中的歧视行为。旧《劳动法典》法律卷著名的第 122－45 条，现在是新法典法律卷的第 1132－1 条，明确提出了劳动法上的平等原则，不仅在招聘阶段、处罚措施上、解雇上，而且包括其他劳动过程中涉及雇员利益的众多方面。据此：任何人不会因为出身、性别、习俗、家庭状况、种族、民族、政治观点、性倾向、怀孕或者家庭状况、参加工会或者互助会活动、行使罢工权、宗教信仰、身体健康状况或残疾因素（除非有医生证明属于无能力者）而被排除在招聘程序之外。

例如，针对男女平等，法律特别规定：招聘启事或任何形式的公开招聘广告中都不得指明招聘对象的性别和家庭状况，招聘单位也不得以性别或家庭状况为由拒绝聘用（法律卷第 1142－1 条）。在招聘、晋升、续订劳动合同方面，雇主不能因为妇女怀孕就拒绝招聘或在试用期解除劳动合同，或者调动岗位。禁止雇主打听或者让人打听关于女职工怀孕的信息（法律卷第 1225－1 条）。女性应聘者如果怀孕也没有义务要告诉招聘方自己的怀孕信息，女职工也没有义务告诉雇主自己的怀孕情况，除非是为了享受国家法律法规对女职工怀孕的特别保护待遇（法律卷第 1225－2 条）。

第二节 招聘方式、招聘行为和招聘对象

法国劳动法对招聘方式、招聘行为和招聘对象等方面的规定，有的地方相比我国严格，如招聘行为上；有的地方相比我国宽松，如关于招聘对象性别限制上。这些不同之处值得我们思考。

一、对招聘方式的规范

招聘有直接招聘和间接招聘两种方式。

1. 直接招聘

直接的外部招聘通常采用在媒体上刊登招聘广告。法律禁止出售招聘信息，但是为了盈利目的而在媒体中插入招聘信息不受此限（法律卷第 5331 - 1 条）。在报刊、杂志等媒体上刊登匿名招聘广告时，雇主要把企业的名称、地址告诉媒体的负责人；媒体的负责人把招聘广告和企业信息递交一份给国家就业安置局（ANPE）（法律卷第 5332 - 2 条）。法律禁止招聘广告中有年龄的限制、有虚假信息、用外语书写（法律卷第 5331 - 2，-3，-4 条）。

2. 间接招聘

间接招聘是指通过中介机构来选择招聘对象。

首先涉及到通过公共服务机构来安置劳动力。国际公约规定国家有义务提供就业安置的公共服务，法国建立国家就业安置局（ANPE）来落实履行已批准的国际公约的义务。其他的中介服务曾经一直被刑事法庭宣布承担刑事责任。① 旧的《劳动法典》曾规定：所有的单位和企业，如果有职位或者岗位空缺，必须报告给国家就业安置局，所有的求职人员必须到这一机构登记。这一规定赋予国家就业安置局一种垄断地位，但是这种强制性的登记制度并不限制双方的自由选择，因为招聘方和求职方双方在经过国家就业安置局介绍联系上之后，他们拥有自己的选择自由。因此，国家就业安置局并不影响双方的选择自由。但是，自从 1991 年 4 月 25 日欧共体法院的一个判例以来，国家就业安置局的垄断地位受到挑战——该判决是关于德国国家就业安置局的，欧共体法院认为德国国家就业安置局滥用了优势地位。② 法国的国家就业安置局实际上只能安置三分之一的劳动力，此外，它还有一个作用是统计求职人员的数量。

在公共中介机构之外，实际上还存在一些私营的中介机构。这些中介机构往往以企业或单位招聘顾问或者招聘咨询机构形式出现，以这样形式存在是合法的，因为他们是企业或者招聘单位聘用的专业机构和人员，为企业招聘提供咨询和帮助。他们接受单位委托来评价求职人员、并把最适合的人选推荐给企业，他们对委托的企业或者单位只承担手段责任（obligation de moyen），而不是结果责任（obligation de résultat），即如果它选错了候选人，也不承担责任。

实践中，这类招聘顾问公司主要有三类不同的活动：

---

① 最高法院刑事庭 1984 年 3 月 6 日的一个判决，《民事判例汇编第五卷》（Bull. civ. V），1984 年第 94 号案例。

② 欧盟法院（CJCE）1991 年 4 月 25 日的一个判决（C/41/90），《欧盟法院汇编 1991 年》。

一是“猎头”服务。只搜索高层白领和高层专业人士，因此，这是没有任何候选人作为基础的；二是挑选并推荐候选人的服务，招聘顾问公司根据收到的对招聘广告的反馈来的求职信，评价、挑选并推荐给企业最合适的候选人名单；三是为企业提供辞退员工安置服务，为辞退的员工安置提供所有可能的物质的和人力的服务，以帮助被辞退人员重新就业。

二、招聘行为与招聘登记

1. 对招聘行为的限制

雇主的招聘行为如果没有规范，招聘市场必然混乱，而对于求职人员来说，就不可避免地会遇到歧视，甚至雇主通过招聘行为对个人私生活进行干预。

在保护公共和私人信息方面，法国有法律基本原则和 1978 年 1 月 6 日关于信息和自由的法律，以及《法国民法典》第 9 条关于“人人有获得私生活受到尊重的权利”，最高法院的判例也多次强调：“雇主在招聘过程中要求求职者提供的信息不得涉及到与职业活动无关的领域。”尽管如此，这些规定和法律实施要求都没有能够阻止实践中的违法招聘行为。占星术、相面术、数字术、生物技术、笔迹术等被越来越多地被用于招聘中，招聘中私生活被侵犯的现象很突出。巴黎第一大学 Gérard Lyon-Caen 教授 1991 年向劳动部提交题为“公共自由与就业”的报告之后，法国 1992 年通过法律保护招聘中劳动者的私生活权，后来编入《劳动法典》法律卷第 121 –6 和 121 –7 条，现在成为新《劳动法典》法律卷第 1221 –6，1221 –7，1221 –8，1221 –9，1222 –2，1222 –3，1222 –4 条。

主要有三方面规范：通知求职人员招聘使用的技术方法、限制提供信息的范围和对获得的个人信息负有保密的义务。

法律卷第 1221 –8 条规定，招聘方应当预先告知求职候选人招聘中会采用的技术方法和搜集信息的过程，如果没有事先通知求职人员，涉及个人的任何信息都不得搜集。法律还要求企业应当在应用这些招聘方法之前，告知企业委员会。这些都反映出法律要求招聘行为必须是透明的。

另外，法律禁止搜集某些方面的个人信息，例如关于应聘人员的健康状况、政治观点、宗教信仰、工会入会情况、社会出身、民族、妇女是否怀孕、家庭情况。在此之外的信息搜集还要遵守两项原则（法律卷第 1221 –6 条），一是“目的性原则”：搜集的信息不论形式如何，只能用来评价应聘人员从事应聘岗位的工作能力；二是“适当原则”：即这些信息必须和应聘的工作岗位有着直接的、必要的联系，例如，对于干部岗位，可以通过个性考察了解应聘者的决策能力、精神活力和容忍度情况，而对于非干部岗位的应聘者就不应当考察和搜集这些信息；对于干部岗位的应聘者，则不能考察和搜集涉及家庭、体育或艺术爱好方面的信息。

2. 招聘预先申报（déclaration préalable à l'embauche）

1991 年 12 月 31 日的法律加强了打击黑工的力度，要求所有雇主招聘雇员前必须为之进行记名的预先申报。法律规定，雇主只有事先在工作地点的社会保障机构进行记名申报后，才可以招聘某个雇员（法律卷第 1221－10 条）。条例规定，该申报登记不得早于预计招聘日期之前八天进行（条例卷第 1221－5条）。招聘违反预先申报的规定，雇主要承担当时最低保障金三百倍的高额罚金（法律卷第 1221－10 条）。

除了进行上述的预先申报外，法律还要求雇主进行内部招聘登记。雇主必须按照招聘的顺序进行人员登记（registre du personnel），并且采用不能涂擦掉的方式登记。人员登记除了登记姓名外，还登记国籍、出生日期、性别、岗位、职务、入厂离厂时间、合同类型（定期、不定期）、工作类型（全日制、非全日制）（条例卷第 1221－23 条）。人员登记必须随时供员工代表、劳动监察官和社会保障机构监督人员使用、查阅（法律卷第 1221－15 条）。人员登记中的信息在雇员离开企业后保留 5 年（条例卷第 1221－26 条）。

三、对招聘对象的限制

虽然人人都有劳动的自由，但是，并不是人人都可以成为被招聘对象。法律上为了保护公民健康的需要，规定在劳动力市场应聘岗位，也要遵守一定的限制。

1. 对招聘对象的限制

一是对招聘对象年龄的限制。

《劳动法典》法律卷第 4153－1 条规定：雇主一般不得招聘不满 16 周岁的未成年人，但是，也有例外情况：从事演出行业的雇主可以招聘 16 岁以下的未成年人、企业接受做实习的实习生可以不满 16 周岁、在学校假期从事轻微劳动的可以是未满 16 周岁的青少年（但是法律规定劳动时间不得超过假期的一半）。雇主让未满 16 周岁的未成年打黑工，要承担 5 年监禁和 75 000 欧元的罚金（法律卷第 8224－2 条）。

二是对招聘对象国籍的限制。

欧盟成员国以外的、没有工作居留的外国人都不能在法国合法地工作。劳

动部门可以为某些外国人工作提供工作许可。没有获得工作许可的而偷偷地工作，就是打黑工。法律明确禁止黑工。任何自然人或者法人故意逃避下列两项中任何一项义务，以营利为目的、从事某种生产、加工、修理活动或者提供劳务或者完成商务活动的，都被视为打黑工（travail dissimulé）：注册登记时未在职业一栏或者企业、公司登记时进行登记；未向社会保障机构和税收部门进行申报（法律卷第 8221 –3 条）。全部地或者部分地打黑工、为打黑工提供广告、故意或者间接地接受黑工提供劳动或服务的，都是法律明确禁止的（法律卷第 8221 –1 条），违反这一条，要承担 3 年监禁和 45 000 欧元罚金。

三是对招聘对象性别的限制。

这方面的限制越来越少了，目前只有三种职业对于性别有特别要求：一是演员，因为演员所扮演的角色有男女之别；二是时装模特，为了表现男女服装的需要；三是模特，有男女之别。

旧《劳动法典》法律卷第 711 –3 条禁止妇女从事井下和采矿工作，现在新法典已经取消了这一限制。在就业上，对妇女的限制越来越少，现有的规定都是涉及孕期和哺乳期妇女的。例如，法律规定：在妇女生育孩子后的 6 周内，雇主不得雇佣该妇女（法律卷第 1225 –29 条）；如果妇女休产假，雇主也不得让其未度过 6 周产假就来上班。法规还详细列举了不得雇佣正在孕期和哺乳期的妇女从事某些有毒有害和繁重体力劳动（条例卷第 4152 –9， –10 条）。

四是对某些兼职的限制。

一般而言，有劳动自由，就有兼职自由，这是原则。只有在法定情形下，劳动者不可兼职。根据《劳动法典》法律卷第 8261 –1 –2 条，这种限制主要有三：一是公职人员（agent public）不得兼职从事私营的、营利性的职业活动，当然他们可以进行与职业相关的辅助性活动，只要是这些活动不会对其正常工作造成影响、对其独立性和中立性带来影响。二是雇员的兼职不得超过法定的最长周工时 48 小时，只要在这一限制内，雇员可以从事多项兼职。三是退休人员不得兼做有酬劳动。

2. 对某些招聘对象的优惠

此外，法律也规定了就业上的优先保护对象。例如，雇佣 20 人以上的企业必须招聘残疾人和战争伤员，而因经济性裁员而被裁减的劳动者享有被优先录用的权利、产假期满后解除劳动合同的妇女享有被优先录用的权利。

第三章

劳动合同的界定

如何界定劳动合同是各国劳动法学一项共同的重大课题和重要理论。从法国劳动法对于劳动合同界定的情况，可以看出学者和法官在其中的重要作用。

第一节　劳动合同界定标准

没有任何一部法国劳动法律对劳动合同下定义，劳动合同是否存在是通过实施后面介绍的界定标准来确定的。学界认为，定义不定义，也许无妨，关键是要确定分辨的标准。法国劳动司法实践提出了劳动合同界定标准的“三要素”理论，这一标准中的核心因素——“从属关系”的确定过程，反映了劳动合同出现的历史背景。

一、劳动合同的概念及其历史演变

劳动合同是一个较新的概念，其出现和使用不过一个世纪而已。在劳动合同概念出现之前，受到罗马法影响深远的法国使用“服务租赁”，劳动关系长期适用民事合同原理，只有进入了20世纪，人们才开始对“服务租赁”有了不同的认识，才开始使用“劳动合同”概念。这种认识的转变是伴随着法国学术界思想界对工人运动、工人命运的关注和思考等一系列社会变迁的。其历史演变进程如下：

1. 沿用罗马法上的服务租赁契约时期

历史上，法国沿用罗马法上的“服务租赁”（louage de service）的称谓，来说明一个人把自己的劳动力交给别人使用并获得一定报酬的法律现象。罗马法对和劳动有关的行为采用租赁合同的形式进行调整。具体包括两类租赁：一类称为“劳动租赁”（louage d'ouvrage），另一类称为“服务租赁”（louage de service）。著名的劳动法教授 François Gaudu 分析道：罗马法上，租赁（louage）的含义是指一物从一个地点转移到另一个地点，当一物从所有者手

中转移到另一个人之手，目的是使该物发生改变，成为另外形式的物，这就是劳动租赁，即现代民法上的承揽合同；当时劳动力被视为与人体相分离的物，当劳动者把“劳动力”这种物从自己那里转移到雇佣人那里使用了，目的是创造出另外的物，这就是服务租赁，即现代的劳动合同。① 因此，在罗马法上，服务租赁就是劳动力租赁，是物的租赁的一种形式，工资就是劳动力租赁的费用。

罗马法上的“服务租赁”的概念一直影响着法国，直到20世纪初，法国仍然对于工人的劳动实行按时计费。Franois Gaudu 教授认为，当时对劳动力的使用按时计费就是劳动力租赁的最好证据，因为劳动力按小时、按天数、按周数计费，正好符合工人的劳动力在双方约定的时间内租给了雇主使用，因此劳动力租赁也就名正言顺了，而按工作成果、工作数量收费就属于劳动租赁（即承揽）。②

2. 摈弃租赁契约观念，采纳劳动合同的概念

1890 年 12 月 27 日，法国制定了关于租赁契约和铁路公司与其职员关系的一项法律，这部法律已经开始表现出国家权力对租赁契约的干预。它规定了租赁契约任何一方解约必须说明理由。如此一来，雇主再也不能像以前一样，可以任意地、毫无理由地解约。这是第一次用法律限制雇主滥用解约权力。这是对租赁契约限制的开始。

此后，从 1898 年 4 月 9 日关于工伤和工伤赔偿的法律开始，特别是 20 世纪初以后，学界逐步对于一直沿用罗马法上的劳动力租赁有了全新的认识。

这种新的认识可以归纳为两点：一是认识到“从属关系”的存在，劳动合同属于关于人的合同，人们开始认识到雇员为雇主提供劳动力的劳动不是一种新型的合同关系，要承认在这种新型的合同关系中，双方地位的不平等，双方关系中存在从属性。

二是认识到劳动不是商品，提供劳动力劳动而建立起来的关系具有特殊性，不能等同于普通的物的租赁。这种全新的认识促成了学界在雇主和薪金雇员之间的劳动关系上开始放弃“服务租赁”或者“劳动力租赁契约”的称谓，而采纳“劳动合同”的概念。

---

① François Gaudu 著：《劳动法》（droit du travail），达鲁兹（Dalloz）出版社，第 2 版（2e édition），2007 年，第 33 页。

② François Gaudu 著：《劳动法》（droit du travail），达鲁兹（Dalloz）出版社，第 2 版（2e édition），2007 年，第 34 页。

1898 年 4 月 9 日的工伤和工伤赔偿法规定：所有在劳动中受伤的工人和职员（ouvrier et employé）有权得到雇主提供的工伤补偿。这一法律规定打破了过去民法过错责任原则，开工伤保险的先河，在劳动法历史上具有重要里程碑意义。这一法律制定后，需要对工伤赔偿的受益人——工人和职员（合称为薪金雇员 salarié）进行界定才能准确地实施。法律本身没有给出定义，于是法官在适用法律时逐步提炼出“从属关系”（subordination）的要素来判断工人或职员的身份：在另一个人的命令之下和对该人的依从之下（劳动）的、并接受该人提供的作为劳动交换的工资的人，就是工人或职员。① 这方面具有意义的最早的案例是 1907 年 1 月 8 日最高法院的一个判决，这份判决第一次把提供劳动工具、提供劳动的物质资料并指挥和命令工人劳动的人界定为雇主，而把在劳动中服从命令、使用对方物质资料劳动、并领取作为劳动的对价工资的人界定为薪金雇员。②

受到 1898 年工伤赔偿法开启的保护工人和职员的作用，20 世纪初期，学界不断尝试提出使用“劳动合同”（contrat de travail）或者“雇佣合同”（contrat de salariat）的概念来替代“租赁契约”。1901 年的一项明确服兵役不是劳动合同解除的法定理由的法律中第一次使用“劳动合同”用语，此后的 1906 年，一个法律草案明确在标题中使用“劳动合同”概念，并且在第一条提出了劳动合同的定义：“劳动合同是这样一个合同，一个人承诺为另一个人劳动，该后者必须向前者提供工资，工资的计算或根据劳动时间，或根据完成劳动的数量、质量，或者根据双方约定的其他方法。”但是，如此定义从未得到法律的确认。

在此期间，一位具有天主教社会思想的学者 E. Duthoit 认为，不应再使用“租赁契约”的概念，建议使用“雇佣合同”（contrat de salariat）。他在 1907 年《雇佣合同》一文中指出：“对事实的观察，让我们不得不看到雇佣合同中的双方当事人的不平等从订立合同之时就存在了，而且在以后的关系中也存在，因而发展趋势必定是由相关方面和法官来限制这种不平等。”③其他学者也

① Jacques le Goff 著：《从沉默到发言》（du silence à la parole），2004 年，Rennes 大学出版社（Presses universitaires Rennes），第 168 页。

② 同上。

③ E. Duthoit 著《雇佣合同》（contrat de salariat），载于《社会周刊》（semaine sociale），1907 年，第 116 页。转引自 Jacques le Goff 著：《从沉默到发言》（du silence à la parole），2004 年，Rennes 大学出版社（Presses universitaires Rennes），第 169 页。

公开揭示劳动关系中存在的不平等，认为“劳动力租赁契约中的自由—平等不仅是虚幻的而且是虚伪的”①。

这一时期，可以说整个学界普遍认识到“从属关系”才是工人地位的真正特征所在。

Jacques Le Goff 教授认为，对“从属关系”的认识和确认超越和颠覆了租赁契约所反映的关于劳动力和工资之间自由交换的观点。② 从定义看，从属关系本身只有存在于关于人的合同中才有意义，而关于人的合同的标的就不再是物与个人的交换，劳动者完全应当成为权利的主体。

1910 年议员 A. Groussier 关于制定《劳动法典》的一个法律议案的报告中形象地指出：“劳动不能等同于物；工人和工人的劳动都不能被看成是物一样而进行租赁。劳动不像房子一样是物，而是行为，就像借贷行为、买卖行为一样，应当采用劳动合同就像买卖行为采用买卖合同一样……”③ “劳动合同不同于其他合同……，如果劳动是商品，那么如何解释已经为雇主提供了劳动的劳动者，怎能有权再要求雇主未来再购买其劳动？举例说，我在 Potin 家买巧克力已经有 20 年了，那么如果我去别的商店买巧克力，不再去 Potin 家买了，Potin 家能不能要求我赔偿他的损失呢？答案是不能的。这样我们就知道，也正如 1890 年法律所言，工人不仅仅是劳动的出卖者，而是合作者。”④

这些表述反映出，20 世纪初法国社会的知识分子开始对劳动关系有了彻底的、深刻的认识——“从属关系”的这一劳动关系的本质属性，超越了租赁契约的樊篱，明确提出摒弃劳动—商品的理论，要确立一种超越简单的劳动交换的理念，提出劳动不是商品，劳动不是仅仅表现为工资的交换，而是表明一种关系——带有从属性的劳动关系。

这些认识现在看来很平常，已被广泛接受，但在当时的历史条件下是具有历史性意义的，并引起了整个学术界的震动和争论。Jacques le Goff 教授在其

---

① G. Scelle 著：《工人问题》(le problème ouvrier)，社会周刊 1907 年，第 344 页。转引自 Jacques le Goff 著：《从沉默到发言》(du silence à la parole)，2004 年，Rennes 大学出版社（Presses universitaires Rennes），第 167 页。

② Jacques le Goff 著：《从沉默到发言》（du silence à la parole)，2004 年，Rennes 大学出版社 (Presses universitaires Rennes)，第 169 页。

③ 同上。

④ 博士论文：《车间的权威：车间规则和劳动合同》（L'autorité dans l'atelier : le règlement de l'atelier et le contrat de travail)，巴黎，1910 年，第 241 页。转引自 Jacques le Goff 著：《从沉默到发言》(du silence à la parole)，2004 年，Rennes 大学出版社（Presses universitaires Rennes)，第 169 页。

专著中，介绍了当时和之后的一段时期内，学者们表达了关于劳动与资本关系的不同认识：有的否认从属关系的存在，这主要是民法学者的观点，认为劳动和资本的关系仍然属于平等主体之间的关系，认为劳动者不过是生产要素之一——劳动力的出卖者，和其他商品的出卖者没有不同，认为劳动和资本的关系就是民法上的承揽关系，即定作方和独立劳动者之间的关系；有些学者看到了从属关系的客观存在，但是认为可以通过吸收工人参与利润分配的方式来缓和这种关系，形成劳资利益共同体，掩盖阶级的冲突，创造企业和谐，这是改良派的看法；有的推崇泰勒式科学管理，把从属关系转化为基于科学管理之上的、为了实现劳资双赢的必需，认为雇主也只不过是科学运转系统中的一个环节，雇主得到了劳动生产率的提高，雇员挣得应得的工资。①

3. 关于劳动合同的定义

《劳动法典》没有对劳动合同进行过定义，最高法院的判例也没有专门作过定义。但是，最高法院的判例至少提供了三项参考的因素或标准来界定劳动合同——提供劳动、劳动报酬和法律从属关系。根据这三项标准，学界和实务界一致认为可以将劳动合同定义如下：劳动合同是这样一种协议，根据该协议，一个自然人承诺把自己的劳动置于另一个自然人或者法人的支配之下，其劳动在从属关系下进行，并获得一定劳动报酬。②

二、劳动合同界定的意义

对劳动合同的界定在法国法上比在我国影响更重大，在我国，劳动合同的界定直接影响着两大问题：一是争议的处理程序，如属于劳动合同，就属于劳动争议，就必须先进行劳动仲裁，而如果是民事合同就可以直接起诉到法院；二是直接关系到劳动者的权利和雇主的义务，如果是劳动合同要适用劳动法上的权利义务规定，而如果是民事合同就要适用民法，对此，双方的权利义务是不同的。

在法国法上，劳动合同界定的意义既重大也很基本，涉及到多个司法机构的管辖范围问题。第一，在个人劳动争议的处理机构上，如果是劳动合同，其纠纷由劳资委员会（Conseil de prud'homme）（特殊的一审法院）受理；第二，

---

① Jacques le Goff 著：《从沉默到发言》（du silence à la parole），2004 年，Rennes 大学出版社（Presses universitaires Rennes），第 170 – 178 页。

② Jean Pélissier，Alain Supiot，Antoine Jeammaud 著：《劳动法》（Droit du travail），达鲁兹出版社（Dollez），2008 年，第 24 版，第 381 页。

如果是劳动合同，劳动者的社会保险就属于社会保险制度中的工商业雇员社会保险即一般制度（régime général）的范畴；即社会保险法庭也会碰到界定劳动合同的问题。第三，民事初审法院（tribunal de première instance）也会面临劳动合同的界定问题，因为它是受理关于工会和员工代表选举争议的机构；第四，商事法庭也会涉及到劳动合同界定问题，因为破产程序和破产问题是由商事法庭受理的；最后，刑事法庭也会遇到劳动合同界定的问题，因为它是审理关于非法劳动和劳动安全问题的司法机构。

三、劳动合同界定的标准——三要素

法国《劳动法典》中没有关于劳动合同如何界定的规定，如何界定劳动合同的标准是来自最高法院的司法判例。劳动法学界和实务界普遍认为劳动合同的界定必须同时具备以下三个要素。其中，尤其以第三项要素——法律上的从属性关系为判断劳动合同的关键和核心因素。

1. 要素之一——提供劳动

雇员承诺为另一方提供劳动，劳动的形式可以是多样的，既可以是体力劳动，也可以是脑力劳动，既可以是体育性的活动，也可以是艺术性的活动，但是一个共同的特征是，该劳动不以提供劳动的结果为目的。因此，依此标准可以判断那些以培训为目的的合同不属于劳动合同。

但是，最高法院认为，并不是所有的“活动”都可以被认定为“劳动”。例如，在企业的实习，只要属于某类教育培训、训练的组成部分，是通过企业与某一个教育机构或者与就业安置机构（ANPE）订立协议而建立的实习关系，虽然也涉及到实习生“在接待企业的指挥下进行职业活动”①，但是这种实习活动不属于劳动法上的“劳动”，实习生与接受企业的关系不属于劳动合同关系。

当然，最高法院这样的界定并不意味着实习生不受法律保护。法国刑法保护雇主过分剥削实习生的劳动。《刑法典》第225－13条关于劳动方面违反人的尊严罪规定：滥用某人的软弱或者依附地位，无偿获得其提供的劳动，或者给予与其完成的工作量明显不相称的报酬的，处5年以下监禁。最高法院刑庭2002年12月3日的一个判决认定：一个雇主把一个实习生派到旅馆做前台接待工作，每天工作时间从23点到7点，每周工作7天，约定工作190小时获

① 最高法院社会庭2000年10月7日一个判决，载《社会法判例杂志》（RJS）2000年，n°1214。

得 1760 法郎的报酬，如此低的报酬与实习生付出的劳动极不相称，因此该雇主的行为构成轻罪，受到 4 个月的监禁处罚。①

2. 要素之二——劳动报酬

劳动合同属于有偿合同，劳动者提供了劳动后有权获得劳动报酬，其计算方式可以采取计时工资或计件工资或两者兼用。劳动报酬这个因素可以用来区分劳动合同与无偿性的劳务服务，但是很难用来区分劳动合同和其他合同，因为大多数其他合同也都是有偿合同。要求劳动报酬这一因素并不意味着实际支付的劳动报酬一定高于最低工资（SMIC）才能认定为劳动合同，即使支付的报酬低于最低工资，其劳动关系也一样被认定为劳动合同关系，并适用《劳动法典》的所有规定。

从劳动报酬这个因素角度看，实践中，存在着一类劳动者，既不属于挣工资的薪金雇员，也不同于完全无偿服务的人员，这类劳动者被称为志愿者（volontaire），他们介于薪金雇员和无偿服务人员之间，例如，人道组织或者协会的志愿者，人道组织会给志愿者发放一定数额的金钱或者津贴去到国外执行人道主义的任务。法国政府也颁布了几项这方面的规范，例如 1986 年 3 月 14 日的关于“志在发展的志愿者”（les volontaires pour le développement）的条例，1995 年 1 月 30 日的关于“志在国际互助的志愿者”（les volontaires pour la solidarité internationale）的条例，和 2005 年 2 月 25 日关于国际互助志愿合同的法律。根据 2005 年法律的第 7 条，志愿者收到的津贴是为了“使他们能够在体面的条件下完成人道主义的任务”，该条还特别明确了“这些津贴并不具有工资或者劳动报酬的性质”。该法第 8 条规定，他们有权享受养老、医疗、生育、残疾、职业病和死亡遗嘱保险。从这些方面看，他们和薪金雇员的地位没有两样。但是，劳动法学界基本上一致认为，这类志愿关系中虽然有支付津贴或者金钱的行为，但是它并不能把这种基于志愿的关系转化为劳动合同关系。

3. 要素之三——从属性的法律关系（lien juridique de subordination）

这一要素是劳动合同界定的关键要素，也是劳动合同理论的根基。

第一，“从属性法律关系”的概念及其含义。

从用语上，学者们普遍把 lien juridique de subordination（从属性的法律关

① 最高法院刑庭 2002 年 12 月 3 日一个判决，载《刑事判例汇编》（Bull. crim.）2002 年，n° 125。

系）简称为 subordination juridique（法律上的从属性）。雇员与雇主之间存在着从属性的法律关系（或法律上的从属性），这一基础性的定论来自历史上的一个著名案例。最高法院民庭（当年还没有社会庭）在 1931 年 7 月 6 日的 Bardou 判决①中确认："一个劳动者和雇佣他的主体之间的法律关系不是由其经济上的弱势或者经济上的依附关系所决定的……，雇员的身份就意味着在他和雇佣他的主体之间存在着从属性的法律关系。"劳动力的提供方和劳动力的使用方之间的合同必须旨在使提供劳动的雇员在另一方当事人（雇主）的"领导、监督和权威下"进行劳动。此后，最高法院的一系列判例都把从属性的法律关系的存在作为认定劳动合同的关键性因素。

如何理解从属性的法律关系呢？最高法院 1996 年 11 月 15 日关于 société générale 的判决很好地回答了这一问题。该判决写道："从属性的法律关系的特征在于雇员劳动的履行是在雇主的领导下进行的，雇主有权力②指挥和命令雇员劳动、监督劳动、并惩罚雇员的违反行为。"③

E. Dockès 教授认为："从属关系"（subordination）意味着一方对另一方的服从，在劳动关系中，就是指雇主对雇员的指挥和命令以及雇员服从这些指挥和命令的关系；"法律上的"（juridique）定语，在此是指，雇主根据合同获得了指挥和命令雇员的权利，不是仅仅是事实上雇主拥有一种能力去指挥和命令雇员，而是劳动合同赋予了雇主对雇员的领导权力。④

第二，"从属性法律关系"作为标准的局限性。

只要存在雇主对于劳动者劳动的指挥管理和命令的事实，就可以得出"法律上的从属性"关系的存在，就说明劳动合同的存在。但是，必须指出，"从属性的法律关系"（或"法律上的从属性"）这一判断标准从 20 世纪 30 年代提出到现在的 70 多年里并不是一直地、绝对地有适用性的，它也有不能适

---

① Jean Pélissier, Antoine Lyon-Caen, Antoine Jeammaud, Emmanuel Dockès 著：《劳动法重大案例汇编》（Grands arrêts du droit du travail）达鲁兹出版社（Dalloz）2008 年第 4 版，第 1 号案例，第 4 页。

② 注意：区分劳动法上的"权力"与"权利"。这里的"雇主有权"的"权"在法语中用的是"pouvoir 权力"而不是"droit 权利"。因为，对于劳动法上的雇主和雇员关系而言，最基本的是雇员是薪金雇员，是要服从雇主的权力的，否则，劳动者的劳动完全可以是自由职业式的，不需要服从任何个人权力。正是由于雇主对雇员拥有的是"权力"，所以劳动法的产生就是为了限制雇主对雇员行使的权力，使之不滥用权力，同时赋予雇员以各项劳动"权利"。

③ 案例 société générale，载《社会法杂志》1996 年，第 1067 页。

④ Emmannuel Dockès 著《劳动法》（Droit du travail），达鲁兹出版社（Dalloz），2008 年，第 35 页。

用的情形，例如在一些技术性工作中，雇员在劳动中自主性较强，其劳动不可能完全处于雇主的指挥和命令之下，因此，继续根据雇员要服从在雇主的“领导、监督和权威下”进行劳动这一特征来判断“从属性的法律关系”的存在已经越来越困难了。如外科医生的老板不能对外科医生的劳动进行如何地指挥和命令，而在生产线上工作的工人，其每个劳动动作恐怕都必须完全服从雇主的要求。

第三，“从属性法律关系”判断的新标准——“有机活动整体的组成部分”。

显然，劳动性质（或岗位）的不同，决定了在劳动中劳动者的独立性或者服从纪律的程度就不同。因此，“雇员在雇主的指挥命令、监督和惩罚下工作”这一因素不能作为判断所有岗位上薪金雇员的标准。为适应岗位性质的不同，最高法院较早就开始在判例中提出：只要雇员在“工作时间、地点或者工作成果的提供”上服从雇主的要求就足以认定他们之间存在从属关系。① 1997 年，最高法院提出以“为了他人的利益而进行有组织的活动中的劳动”(travail dans un service organisé, au profit d'autrui)② 作为标准来确认那些自主性强的岗位上的劳动者也属于薪金雇员。此后，最高法院通过一系列判例进一步确认：只要雇员提供的劳动是属于雇主的“有组织的活动的一部分”(intégration du service organisé)，这种劳动关系就属于从属性关系。如此一来，就把众多职业的劳动者都纳入到劳动法的调整范畴中了，例如医生、家政工、俱乐部运动员等。

四、关于“经济上的从属关系”是否应作为界定标准的讨论

在法国 20 世纪初越来越多的学者认识到，从属性的法律关系是劳动合同关系本质属性的同时，也有著名学者提出，“经济上的从属性”（subordination économique）也可以作为界定劳动合同的标准，其目的是想把那些难以证明存在法律上从属关系的劳动者也纳入到劳动法范畴来保护，例如家庭劳动者、推销员等。③ 但是，最高法院没有采纳这样的论据，它通过多个判决，明确摈弃

---

① 1938 年 7 月 25 日最高法院民庭审理的关于一个医生和一家疗养院之间的纠纷案例。载 1938 年达鲁兹周刊 DH，第 530 页。

② 最高法院 1997 年 7 月 1 日一个判例，载《民事判例汇编》(Bull. Civ.) 1997 年卷，n°242。

③ P. Cuche:《雇员的定义与经济依附》(La définition du salarié et la dépendance économique)，达鲁兹周刊 1932 年 (DH32)，第 101 页。转引自 François Gaudu 著:《劳动法》(Droit du travail)，达鲁兹出版社 (Dalloz)，2007，第 34 页。

把经济上的依附关系作为劳动合同的判断标准。① F. Gaudu 教授认为，这是因为，一方面，经济从属关系的概念比较模糊，相互依存的关系是现代经济的基本规则；另一方面，劳动法作为保护出卖劳动力一方劳动者的法律，其适用范围的确定情形和处于从属关系中一方所遭受经济损失的情形是不同的，反对滥用经济优势地位的斗争和决定薪金雇员的地位是两个不同的目标。②

关于这一问题的讨论在 1945 年建立社会保障法律制度后曾经再次提出，因为涉及到作为社会保障制度中的一般制度（régime général）（即薪金雇员制度）的适用对象如何确定的问题。《社会保障法典》法律篇第 311－2 条规定：为一个或多个雇主劳动的任何人，不论其劳动的形式、合同性质和合同期限如何，都要加入到社会保障的一般制度中。这一规定在实践中引发了疑问：是否社会保障制度采用了另外的判断薪金雇员的标准？还是和判断劳动合同采用同一的标准？最高法院对这些疑问的回答是：法律上的从属关系既作为劳动合同的判断标准，同时也是社会保障中一般制度适用对象的标准。

另有一些最高法院的判决说明了从属性的法律关系不等同于经济上的从属关系，如果仅仅有经济上的从属关系则不能认定劳动合同的存在。例如，关于出租车司机和出租车公司之间的关系，是劳动合同关系还是车辆的租赁关系？最高法院一再强调要检查其中是否存在法律上的从属关系。主流学术观点也认为，如果出租车公司对于出租车司机的劳动行为没有权力进行指挥命令、监督和惩罚，那么法官就不能认定在出租车司机和出租车公司之间存在劳动合同关系，而是仅仅存在租赁合同关系，他们之间仅有经济上的从属关系，不存在法律上的从属关系。③

但是，对于最高法院 2000 年 12 月 19 日判决的案件 Labbane④，学术界则有不同的分析和意见。该案也是涉及到出租车司机和出租车公司之间关系的认定：案件中，双方订立的是车辆租赁合同，出租车车辆是属于司机的，而且司机的工作时间、行车路线和接送客人都不受公司任何的领导，都是他自己自主

① 最高法院民庭 1932 年 6 月 22 日和 8 月 1 日的判决。达鲁兹期刊 1933 年（DP33），第 1 和第 25 页。

② François Gaudu 著《劳动法》（Droit du travail），达鲁兹出版社（Dalloz），2009 年第 3 版，第 37 页。

③ Jean Pélissier，Alain Supiot，Antoine Jeammaud 著：《劳动法》，达鲁兹出版社 Dalloz，2008 年，第 24 版，第 390 页。

④ 案例 Labbane，最高法院 2000 年 12 月 19 日一个判决，载《民法案例汇编 V》Bull. civ. V，n° 437。

决定的。然而，在租赁合同中规定了很多对司机驾驶行为和车辆保养的纪律要求，而且，公司提供给该司机的报酬中包括缴纳社会保险的费用，并且，该合同规定每月续订一次，提前解除必须遵守严格的预告期。巴黎上诉法院的判决没有把这一关系认定为劳动合同关系，但是，最高法院则驳回了巴黎上诉法院的判决，认定他们之间的关系为劳动合同关系。

对此判决，有学者认为，最高法院是综合了传统的从属性标准——劳动关系的唯一性，和其他因素——对劳动者的纪律要求和其他控制行为较强、以及合同的短期性，得出在该案当事人之间存在法律上的从属性。① 也有学者认为，这一判决远离了最高法院以前确定的标准和对标准的理解，即法律上的从属性在于雇主对劳动者劳动的指挥和命令，本案中，出租车公司并没有对司机行车的时间、地点和接送上的指挥和管理，但是，这个判决的目的恰恰是否定了雇主自以为很高明地用租赁合同取代劳动合同从而逃避劳动法上雇主责任的企图。② 更有学者指出，这个判决恰恰是把经济上的从属性作为了标准来认定劳动合同关系的存在。③

从总体的学术观点和司法判例看，“经济上的从属关系”没有明确地被最高法院确定为劳动合同的判断标准，但是，它在劳动法的其他方面还是留下了印记。例如，《劳动法典》第七部分④关于特殊职业的特殊劳动规定，实际上例外地把特殊职业的从业人员纳入劳动法范畴，例如推销员（VRP）、家庭劳动者、分支机构负责人、职业记者、各类演出的演员和模特等。这些人员的劳动关系中实际上不存在法律上的从属关系，但是存在经济上的从属关系。这一部分特殊劳动法规则，实际上反映了劳动合同的界定标准具有一定的灵活性。

---

① François Gaudu 著《劳动法》(Droit du travail)，达鲁兹出版社（Dalloz），2007 年，第 41 页。

② Jean Pélissier，Alain Supiot，Antoine Jeammaud 著：《劳动法》，达鲁兹出版社 Dalloz，2008 年，第 24 版，第 390 页。

③ Emmannuel Dockès 著：《劳动法》（Droit du travail），达鲁兹出版社（Dalloz），2008 年，第 35 页。

④ 《劳动法典》第七部分包括四卷，是特殊劳动法规范，是专门关于特殊职业的特殊规定：第一卷关于职业记者和演出、广告、时尚行业人员，第二卷规定门房看楼人、家政工，第三卷关于推销员、企业分支机构经理，第四卷关于家庭劳动者，对于这些特殊职业的从业人员，在某些方面适用第七部分的特别规则，其他方面也适用劳动法典其他部分的规定。

第二节　界定标准的实际应用

实践中，如何应用界定劳动合同标准的三个要素，即判断它们是否客观存在于一个具体案件中，一般要遵循司法判例总结出的一些权威性意见。

一、证明界定标准的客观存在

如何判断劳动合同的存在？上述三要素中劳动的提供和报酬的支付比较容易被证明，而从属关系的存在则较难证明，这需要在两者之间做出判断——是自主劳动还是在从属关系下的劳动？而判断的依据不是根据双方当事人订立合同的名称，也不是根据双方的意愿，而是采用核查是否存在“一束迹象（un faisceau d'indices）”的方法来判断，即法官根据一系列事实迹象来推断从属关系是否存在。这些迹象中，除了存在指挥和命令事实外，其他事实迹象单个存在并不能推断出从属关系存在，一般需要同时具备多个迹象，才可以作为推断的依据。最高法院通过一系列案例指出：如果多个迹象同时存在，就可以推断出存在从属关系，这时就能断定是劳动合同。以下分述之。

1. 关于劳动报酬的支付方式

付酬有按时付酬和计件付酬两种方式。一般来说，从按时付酬的方式可以推断出从属关系的存在，而计件付酬则多是民事承揽关系，但是，仅仅根据按时付酬方式这一个迹象还不能绝对地做出推断，因为某些工厂劳动为了提高劳动强度也是实行计件工资，而某些从事独立承揽的劳动者也会实行按时计酬。所以，在考察了计酬的方式后还必须结合其他因素来做出最终推断。

2. 关于工作地点

一般以劳动者接受对方安排的工作地点、并具体去该地点提供劳动视为从属关系的存在。如果劳动者可以自由决定工作地点，那么他与分配给他劳动任务的人之间就不存在从属关系。但是，仅仅根据这一因素也不能绝对地做出推断。

3. 关于工作时间

从属关系本身意味着劳动者要在雇主规定的时间内提供劳动，只有劳动者在工作时间上服从雇主，才可以保证雇主对其拥有指挥、命令的权力。所以，从劳动者在工作时间上服从对方要求这单一事实可以推断出两者之间存在从属关系。

4. 关于劳动的提供是否是本人亲自提供、是否是单一劳动关系

劳动合同要求劳动者亲自提供劳动，不能由他人代替劳动，这是确定的。

但是对于提供劳动对象的唯一性上，一般来说，根据劳动者提供劳动对象的唯一性——即劳动者只为一个雇主劳动，可以推断出从属关系存在，但是，反向并非不能说明从属关系不存在。劳动者可以同时为多个雇主劳动，多重劳动关系在符合法律规定的前提下是合法有效的，例如非全日制劳动者和其不同的雇主之间也都是劳动合同关系，还有某人本身是薪金雇员，但还可以兼职从事别的自由职业，这也不能否定其在第一个劳动关系中具有雇员的身份，例如一个案例中，劳动者是某企业的医生（雇员），但是他在工作之外还有自己独立的患者。①

关于兼职的问题，法国法首先原则上允许兼职，其次是对兼职做了一些特别限制，只要在法律规定的限制之外，兼职都是合法的。这些限制主要有三个方面：一是禁止公职人员从事职业性的、有害于职务公正性和中立性的兼职；二是退休人员不得兼做有酬劳动；三是普通劳动者的兼职，只要所有兼职的工作时间加起来，不超过法定最长周工时 48 小时、最长日工时 10 小时，兼职都是合法的（a. L. 8261 -1， -2）。

5. 关于谁提供劳动的物质资料

一般来说，雇主有义务提供劳动所需的工具和物质资料，这也从一个侧面反映出雇员依赖于雇主的生产手段。当劳动者用自己所有的生产资料为另一方劳动时，接受劳动的这一方对于提供劳动的劳动者的权威和领导力就大大削弱了，一般不能推断出他们之间存在从属关系；但是，也有少数案例说明，即使劳动者是用自己的物质条件为另一方劳动，这时也应当推断从属关系存在，因为一方是在另一方的领导和监督下进行劳动的，例如最高法院社会庭 1978 年 10 月 27 日一个案例：一个货摊的摊主出售雇主交付的货物、并按照雇主的定价出售、卖不出去的货物再退回给雇主，这一关系被界定为劳动合同关系。

6. 关于雇主对劳动的指挥、管理和监督

雇主或者其代表对雇员的劳动进行指挥、命令和监督，是决定从属关系存在的关键和直接因素。是否存在着雇主对雇员劳动的指挥命令关系则要根据事实分析，不能看双方订立的合同名称。如果合同名称不是劳动合同，但是，存在着事实上的雇主对劳动的指挥和管理，那么就应当认定双方之间存在着从属

---

① 1960 年 2 月 5 日，最高法院社会庭，民事案例汇编第 IV 卷（Bull. civ. IV），n°112；另一个案例是关于一个诊所的大夫同时从事自由职业担任孕妇接生大夫（6 janvier 1961，n°14）。引自 Jean Pélissier, Alain Supiot, Antoine Jeammaud 著：《劳动法》，达鲁兹出版社 Dollez，2008 年，第 24 版，第 400 页。

性，是劳动合同关系。

另外，雇主有定期发放工资，有工资单作证，这一事实因素也能直接证明从属关系的存在。

上述列举的是主要考虑因素，实际上，很难完全列举出全部的可能用来判断从属关系存在的所有细节因素。

二、关于界定标准的举证责任

根据民事诉讼法“谁主张谁举证”的基本规则，谁主张劳动合同的存在谁就负有举证的责任，通常是雇员主张劳动合同存在，因此，通常雇员负有举证的责任。但是，也不乏第三人主张劳动合同存在的情形，例如社会保障机构可以提出劳动合同存在的主张，从而要求雇主缴纳社会保险的费用。事实上，社会保障机构频繁提出认定劳动合同存在的案件，可以从另一方面阻止雇主用别的合同替代劳动合同情形的发生。①

① François Gaudu 著《劳动法》(Droit du travail)，达鲁兹出版社（Dalloz），2007 年，第 42 页。

第四章

劳动合同的种类和效力

法国法上，确定劳动合同的种类非常重要，因为法律对于不同种类的劳动合同采取不同的规范态度。考察劳动合同的效力则是一项基础要求。

第一节　劳动合同的种类

法国劳动法上劳动合同的种类比较清晰和确定。劳动合同种类和法律对其规范是密切相关的，种类不同，适用的法律也就不同，因此，从劳动者所订立的劳动合同种类，就可以知道他的就业情形如何，是稳定就业还是临时就业。

一、固定期限劳动合同与无固定期限劳动合同

法国劳动法上劳动合同的种类划分，从严格意义上说，只有一个标准：合同的期限。据此，劳动合同分为固定期限劳动合同（CDD）和无固定期限劳动合同（CDI）。这是根据法律规定而进行的划分，是最重要的劳动合同种类的划分，围绕这两类合同的建立规范也大不相同。

1. 无固定期限劳动合同是劳动合同的常态

法律关于劳动合同的规定，分为两大类：一类是关于固定期限劳动合同的规范；另一类是关于无固定期限劳动合同的规范。由于关于固定期限劳动合同的规范相对集中、数量较少，而关于无固定期限劳动合同的规定数量众多，具有一般性，所以，在法国劳动法上，只要某一条文和用语没有说明的，该条文和用语就是关于无固定期限劳动合同的。“劳动合同”概念在没有特别说明时，就是指“无固定期限劳动合同”，劳动合同的中止、变更、解除理论一般都是针对无固定期限劳动合同的。

无固定期限劳动合同的常态地位和固定期限劳动合同的特殊地位是由法律规定而推断出来的。

第一次提出对固定期限劳动合同进行限制的法律是 1982 年 2 月 5 日，根

据该法，雇主只能在法定情形下才可以使用固定期限劳动合同，雇主不再有选择固定期限或者无固定期限劳动合同的自由了。于是，固定期限劳动合同实际上成为一种例外形式的劳动合同。更为重要的是，该法提出了劳动合同期限上的一项基本原则："劳动合同的订立不确定期限"，即劳动合同的订立，原则上应当是无固定期限的，只有在法定列举的情形之下，双方才可以订立确定期限的劳动合同。也即无固定期限劳动合同是劳动合同的常态，固定期限劳动合同是劳动合同的例外形式。

这一原则规定编入原《劳动法典》法律卷第121－5条，现在成为新《劳动法典》法律卷第1221－2条的内容之一。该第1221－2条具体规定如下："劳动合同的订立为不确定期限。但是，它可以在依据本法典第四章关于固定期限劳动合同的规定的条件下、在订立合同之时或者根据劳动合同要实现的目标来确定一个具体的期限。"

法国1982年确立的这项原则，后来也被欧盟立法所确认。欧盟1999年6月28日颁布的关于保护固定期限劳动合同雇员的指令（1999/70/EU）明确指出："无固定期限的劳动合同是劳动关系的一般形式，有助于保护雇员的生活、改善其职业稳定性和工作待遇。"

我们认为，无固定期限劳动合同的特点在于它有利于稳定劳动关系和保护劳动者的合法权益，但它并不限制合同双方当事人解除合同的自由。对于雇员来说，可以依法行使辞职权；对于雇主来说，可以在法定条件下辞退雇员。因此，无固定期限劳动合同能够满足建立既稳定又灵活的劳动关系的需要。

2. 由固定期限劳动合同向无固定期限劳动合同的历史演变

法国在19世纪直到20世纪初的很长时间内，没有任何关于劳动合同方面的特别规定，只有适用民法的规定，而民法关于劳动的规定极其少，《法国民法典》只有短短的三条关于劳动的规定（第1779－1781条）①，第1780条没有对服务租赁作任何区别。作为长期适用民事合同原理的实施结果，固定期限劳动合同被看作比无固定期限劳动合同对劳动者更加有利，因为，契约自由，契约就是法律，雇主要遵守合同约定的期限，不得随意解雇雇员；而那时关于

---

① 法国制定《民法典》的时代，法国尚处于农业社会，农业社会的状况甚至可以从《民法典》中的条文语言看出来，关于鸡舍、农作物等等都是例证。这时工业尚未大规模开始，根据统计，资产阶级大革命前，工人只有1500万，所以，对工人阶级、对劳动方面的法律尚缺乏认识。当时《民法典》中的这三条中的第1779条目前还有效，第1780条，从1928年一部劳动方面的法律之后，就被劳动法所替代，第1781条已经被取消。

无固定期限合同的解雇制度尚未建立，无固定期限劳动合同的解雇是任意的、随时的，雇主享有极大的权力。当时，职员与工人地位的区别在于，职员有较长期限的固定期限劳动合同，而工人的劳动合同则是无固定期限，工作没有任何保障。①

从20世纪初开始，随着一系列保护工人利益法律的出台，关于无固定期限合同解雇方面的限制也开始出现。1928年7月19日法国借鉴德国法制定法律，确认了企业转让时劳动合同继续履行的原则，法律同时禁止在劳动合同中约定放弃劳动合同解除预告期。同期，判例确认雇员生病不能导致劳动合同的解除，而是引起劳动合同的暂停履行即中止。随后，判例开始明确提出和认定雇主滥用解雇权下的解雇（licenciement abusif），这不仅仅指那些故意损害当事人利益的解雇，也包括那些基于雇员行为的轻微过错的解雇。解雇时由雇主提供补偿金，最早是在一些集体合同中规定给予干部和职员身份的雇员的，后来，到1950和1960年代，解雇补偿金开始扩大适用到对工人的解雇，从优势行业扩大到适用于所有私有部门。1967年7月13日的法律规定了解雇补偿金的普遍适用。与此同时，一些集体合同也开始规定解雇的程序，后来一项具有里程碑意义的法律出台，即1973年7月13日的法律正式提出无固定期限劳动合同的解雇要遵守程序，同时还要有解雇的理由，否则解雇即非法解雇。

关于解雇规范的建立过程，反映了社会和立法者对这一问题的认识逐渐加深和统一，确立了雇主解雇无固定期限劳动合同必须有理由、必须遵守程序要求的解雇制度。所以，在如此越来越多的立法规范之下，从1960年代后期，无固定期限劳动合同已经开始被认为比固定期限劳动合同对劳动者更加有利。

为什么会有如此的立法演变？为什么法律在这一时期，开始对无固定期限劳动合同进行干预，从而使之由一种对雇员不利的合同形式，成为一项对雇员有利的合同形式？

根据F. Gaudu教授的介绍，因为法国在一战和二战之后的发展时期，缺少劳动力，雇主更倾向于向雇员提供较为稳定的工作而建立稳定的劳动力，所以，法律限制雇主任意解雇无固定期限劳动合同是与当时劳动力市场的供求状况相一致的。另外，这样的立法也符合雇主的需要。在20世纪两次世界大战之间，随着泰勒式生产方式的发展，分工细化，工人的劳动不再像以前一样可以随时可以替代的，一个新的工人总需要几个星期或者几个月的时间来适应岗

① François Gaudu著《劳动法》（Droit du travail），达鲁兹出版社（Dalloz），2007年，第79页。

位，雇主已经在工人的培训和适应岗位上投了资，也不愿意随时更换工人，这也使得岗位有日益稳定化的趋势。即雇主解雇行为的任意性和随意性不再像以前一样那么突出了，工作稳定化也成为雇主的需要。这些因素，说明了为什么就业的稳定性的发展在法国没有经历什么冲突。① 这段时间，和不断增加的生产量相比，劳动力成本基本上是较为固定地维持在一个水平上，而且雇主也愿意保持一定量的多余劳动力以应对不断增加的生产或者经营需要和缺乏劳动力的大局面。

然而，1970 年代初的石油危机使雇主管理劳动力的观念发生了改变。雇主不再保持多余的劳动力，不再维持劳动力成本在一个较为稳定的水平上，而是寻求劳动力成本的变化，在生产稳定时不再保持多余的劳动力，而是解雇不需要的劳动力，如果生产量增加，就雇佣临时劳动力或者订立固定期限的劳动合同来招聘雇员应对临时生产或者经营活动的增加。于是，临时劳动合同大量增加，法律也开始确认这些不断出现的各种形式的临时劳动合同。例如，1972 年 1 月 3 日的法律使临时工作法律化，1979 年 1 月 3 日制订关于固定期限劳动合同的法律，1982 年 3 月 26 日法律建立非全日制工作制度。

由于 1950 和 1960 年代的劳动法都是围绕着全日制的、无固定期限劳动合同制定的，1970 年代大量出现了非全日制工、短期临时工及其立法，这些新形式的、临时劳动合同规范不同于无固定期限劳动合同规范。于是，在此形势下，学界和实务部门逐渐形成共识：全日制的、无固定期限劳动合同是劳动合同的正常形态，非全日制的、固定期限的劳动合同属于例外形式；法律规范中只要没有特别指出适用固定期限劳动合同的，就是关于全日制的、无固定期限劳动合同的规定，以区分后来新出现的各种例外形式的临时劳动合同规范。

以上学界认识随后得到了法律的确认。1982 年 2 月 5 日的法律规定“劳动合同的订立不确定期限”（《劳动法典》法律篇第 1221 -2 条），提出了劳动合同期限的一般原则——即雇主与雇员一般应订立无固定期限的劳动合同；固定期限的劳动合同是例外情形，只能在法律列举的情形下才能订立。这就完成了从实践到法律、从固定期限劳动合同向无固定期限劳动合同的发展过程。

二、全日制劳动合同与非全日制劳动合同

从工作时间角度看，劳动合同有全日制劳动合同和非全日制劳动合同。全

---

① François Gaudu 著《劳动法》(Droit du travail)，达鲁兹出版社（Dalloz），2007 年，第 81 页。

日制劳动合同是常态劳动合同，而非全日制劳动合同则是例外形式的劳动合同。

对于非全日制劳动合同，法律有专门的特别规定。如果法律条文和法律用语没有特别说明，那么，就都是关于全日制劳动合同的。

非全日制劳动合同在合同订立形式、内容上都不同于全日制劳动合同，法律对于非全日制工的加班时间和工作时间变更有特别要求（见下面专门章节），目的在于保护非全日制工免受雇主滥用权力的侵害。

三、常态下的劳动合同与临时劳动合同

由于法律把“劳动合同的订立不确定期限”作为一般原则（法律篇第1221-2条），所以，从大的类型上来说，也可以把劳动合同分为常态下的劳动合同和非常态下的劳动合同（或者例外形态下的劳动合同、临时劳动合同）。

从期限角度看，无固定期限劳动合同是常态下的劳动合同，是劳动合同的一般形式，而固定期限劳动合同则是非常态下的劳动合同形式，属于劳动合同的例外形式，是临时劳动合同。

从工作时间角度看，全日制劳动合同是常态劳动合同，而非全日制劳动合同则是例外形式的劳动合同、是临时劳动合同。

从涉及到的主体数量看，或者说从用工方式看，劳动力派遣下的劳动合同，称为任务合同（contrat de mission），也是非常态下的、临时的劳动合同。

第二节　近年来劳动合同方面的改革尝试

无固定期限劳动合同的广泛使用和固定期限劳动合同被严格限制适用的格局，被企业界认为限制了企业招聘的灵活性。为了促进企业增加雇佣，减轻就业压力，法国近年来进行了一系列改革劳动合同种类的尝试。具体来说，从2003年以来，不断有专家向政府提出各类改革劳动合同种类的报告，提出各种有利于增加就业、鼓励雇主雇佣的措施。有些措施得到立法认可，适用了一段时间之后被废除；有些建议被立法确认后，由于遭到强烈反对，在实施前就“夭折”了；有些建议则还在实践尝试之中。到目前为止，被认为促进雇主招聘和方便雇主灵活解雇的两项重要尝试都告失败，在劳动合同方法的尝试最终没有动摇法国多年来形成的“固定期限劳动合同是例外形式，受到严格限制，而无固定期限劳动合同是劳动合同的一般形式”的基本局面，以及解雇必须

具有理由的基本解雇制度。当然，这些基本制度是得到欧盟法和国际劳工组织公约确认的劳动合同基本制度，即使是为了增加灵活性，也是不可克减的，更是法国大众坚持的、属于他们的“既得社会权利”（acquis sociaux），不能丢掉。因此虽然一方面企业界要求灵活性的呼声不断，但是，有更多的人认为不能放弃他们“既得的社会权利”、不能丢掉“法国的社会模式”（modèl social français）。2006 年春季反对初次雇佣法（CPE）的示威游行就是法国民众对“社会既得权利”感情深厚的一次例证。

一、新雇佣合同（CNE）的实施和废除

为了鼓励小企业雇佣积极性，打消小企业主解雇方面的顾虑，2005 年 8 月 2 日的“新雇佣合同条例”规定在小企业中有限尝试一种特殊形式的无固定期限劳动合同：新雇佣合同（CNE），适用期限限定为，从条例实施之日到 2008 年底。根据该条例，雇主与雇员签订书面的新雇佣合同（CNE），即一种特殊形式的无固定期限劳动合同（CDI），在合同履行的最初两年中，雇主可以根据经营状况自由解雇劳动者而无需说明理由，即雇主在合同履行的两年内解雇雇员，无须遵守现有法律关于解除无固定期限合同形式上和内容上的强制性规定——在解雇程序上必须听取雇员意见，在解雇的理由上必须具备法律所要求的“实际的和严肃的理由”（cause réelle et sérieuse）。雇主解雇此类合同只需要给雇员一封解雇信函就可以了，而且他可以在解雇间隔 3 个月后再次与同一个劳动者订立此类劳动合同。

确立这类特殊形式劳动合同法的目的很显然，鼓励小企业招聘，同时免去他们担心招聘以后很难解雇的顾虑，从而促进就业。这类特殊形式劳动合同的适用范围非常有限，仅适用于雇佣 20 人以下的小企业。该法还同时规定了雇主的一些义务来保护雇员：第一，雇主的解雇必须遵守预告期，如果劳动合同履行不到 6 个月，预告期就是 2 周，如果合同已经履行了 6 个月以上，预告期就是 1 个月。第二，雇主解雇必须支付相当于雇员履行合同以来得到的全部毛收入 8% 的解雇补偿金。第三，雇主还必须根据集体合同的规定一次性支付雇员失业补偿金。此外，该法明确规定这类合同不得适用于季节工，即强调这类合同属于无固定期限劳动合同，适用于正常的、持续性的工作岗位。

新雇佣合同仅仅适用于 20 人以下的小企业，影响有限。然而，对于这一改革尝试，资深的劳动法专家提出了多项疑问：其一，解雇规则放宽是否就能促进招聘数量的增加，这两者之间的联系目前是没有经验证明的；其二，程序上剥夺被解雇员工的自我辩护权有损于法国批准的国际人权公约而承担的义

务，从而涉及到对人的尊严的维护问题；其三，该法免去了雇主解雇应遵守的实质条件和程序方面的义务，等于让这部分劳动合同的解除倒退到1973年以前的立法状态。①

显然，新雇佣合同的最大诟病在于，取消了法律对于无固定期限劳动合同解雇规定的程序要件和实质要件。这就关系到一个重大问题——违反国际公约规定的义务：国际劳工组织第158号公约要求解雇时要赋予雇员辩护权，并且解雇必须说明理由。正是因此，国际劳工局在2007年11月14日的决定中明确指出，法国新雇佣合同法违反了第158号公约。鉴于国际劳工局的明确表态，在适用的最后期限2008年底尚未到来的时候，这一举措就面临着被取消的可能。2008年1月劳资团体达成的“关于劳动力市场现代化”的跨行业全国协议重新提出了关于劳动合同的若干规则，其中就包括重申解雇要遵守程序和说明理由的解雇制度。这一协议的内容被2008年6月25日的法律所确认，该法取消了新雇佣合同，同时规定所有已经订立的新雇佣合同都重新被视为普通的无固定期限劳动合同。

二、初次雇佣合同（CPE）的诞生和夭折

20世纪90年代以来，法国促进就业的侧重点之一是帮助青年人就业，主要是通过减免雇主的社会保险缴费来降低雇主雇佣青年人的成本，促进就业。约有35－40%的26岁以下的年青人从这些措施中受益。② 然而，年轻人就业难的问题依然严重地存在。法国2006年失业率刚从两位数下降到9%，而26岁以下青年人失业率远远高于平均水平，达到20%以上，其中无技术的年轻人失业率更是高达40%，而且70%有工作的26岁以下年轻人订立的是固定期限的劳动合同（CDD），他们的就业状况非常不稳定。③ 政府为了进一步促进雇主雇佣年轻人，于2006年3月推出了“初次雇佣合同法案”。该法规允许雇主与26岁以下的劳动者书面签订一种特殊的无固定期限劳动合同——初次雇佣合同（CPE），在合同履行的最初两年中，雇主可以不需说明理由解雇劳动者，即解雇无须遵守程序上和实质要件上的限制。雇主只需要给雇员一个解雇信函就可以了，而且他可以在解雇间隔3个月后再次与同一个劳动者订立此

① Jean-Maurice Verdier, Alain Coeuret, Marie-Armelle Souriac 主编：《劳动法》（概要，第二卷）（Droit du travail）（Mémento, v. II），达鲁兹出版社（Dollez），2006年，第64页。

② 参议院2006年报告（Rapport de Senat），2006，n°3016。

③ http：//www. politis. fr

类劳动合同。这些规定都与上述的新雇佣合同相同，但是，初次雇佣合同的适用范围正好与新雇佣合同（CNE）相反，仅适用于雇佣20人以上的企业。

根据该法，被企业招聘使用后的年轻人可以享受以下保障。其一，工作一个月后就可以获得培训的权利，而一般的无固定期限合同劳动者得在工作一年后才有培训的权利。其二，工资方面，与其他无固定期限合同劳动者相同，受最低工资制度的保护。其三，如果工作4个月后被解雇，可以连续2个月享受国家提供的每月490欧元的生活补贴，因为享受失业津贴需要最少工作6个月以上。此外，该法规定，只要某一年轻人未满26岁，并且在解雇了3个月的间隔后，雇主可以多次和他解雇的该年轻人订立“初次雇佣合同”。

由于这个法规涉及到数量众多的26岁以下年轻人，在出台之前，就遭到非议和指责，但是，政府一意孤行，不听民意，还是通过了法规。这一通过，立即引发了2006年3－4月青年人为主体的全国范围的大规模游行示威。

和新雇佣合同一样，初次雇佣合同颠覆了几十年来劳动法确立的无固定期限合同（CDI）解除需要遵守程序上的要求和实质条件上的说明理由的解雇理念，同时也构成了对26岁年轻人的歧视。2006年4月初的游行示威者发出诘问：为什么解雇26岁以上的劳动者雇主必须遵守程序上和实质条件上的要求，而解雇26岁以下年轻人就可以任意解雇？名为促进26岁以下年轻人就业，实质上是使这些人的就业状况更加不稳定。此外，该法规也被公认违反了国际劳动组织的第158号公约。

鉴于“初次雇佣法（CPE）”受到的普遍抵制，政府于是立即提出了另一项法案来“救火”，即议会2006年4月21日通过的“关于帮助困难年轻人就业”的法律。该法从内容上取代了“初次雇佣法（CPE）”，从两个方面为改善年轻人就业状况提供了法律支持。一是扩大了适用于年青人的援助性劳动合同的适用范围，把这一类合同扩大适用到所有的16－25岁的年轻人，不论他们的受教育程度如何（以前只适用于大学两年后没通过考试而肄业的年轻人），特别是把城市中敏感地区（即移民区）的年轻人吸纳到这一类合同范畴中。这类合同属于无固定期限的劳动合同，国家给雇佣这些年轻人的雇主三年的资助：雇佣的前两年资助按照每人每月300欧元计算，第三年减半至150欧元。同时雇主还可以享受到社会保险缴费方面的减免。二是扩大了针对年轻人的职业培训指导合同的适用范围，取消了过去的适用条件（即高中会考或大二的肄业生），把所有的初高中毕业生，包括失业6个月以上的16－25岁年轻人，都纳入到这类合同的受益范围。该合同在政府和年轻人之间订立，由政府定期免费为年轻人提供职业指导和职业培训，以帮助年轻人进入职场。培训可以和工作交替进行，雇佣这些年轻人的雇主可以免交社会保险费。从这部新法律的规定看，法律最终还是将有利于年轻人就业的措施确定了下来，特别是这些措施有利于改善城市中敏感地区的移民后代的就业问题，因而有利于缓和社会矛盾。所以有人评论道：最终还是喊得声音最大的人受益。

“初次雇佣法案”在通过之前，政府没有和有关雇主、工会组织协商过，没有倾听公众的声音，完全是政府一方的意思，所以遭到抵制是正常的。有人明确指出，政府在公众反对初次雇佣法的浪潮下通过制定新的法律取代初次雇佣法而不是直接废除该法，表明政府缺乏政治勇气。

三、上述两个改革法案的实质

上述两个法案都规定雇主可以不经过法定程序和不说明理由在合同履行的前2年内任意解雇员工，这从实质上颠覆了1973年以来实施的无固定期限劳动合同解除制度的基础。这是对此前法律确立的劳动合同解除制度的重大否定，因为即使在固定期限劳动合同下，雇主也不得在期限届满前随意解雇，只有当劳动者犯有严重过错时，雇主才可以在期限届满前解雇雇员；在无固定期限劳动合同下，雇主解雇必须是有理由的并且要遵守程序要求；只有在试用期间，雇主才可以不说明理由地不需经过法定程序解雇雇员。而上述两类合同中的聘用前2年也不属于试用期，因此，法案完全否定了无固定期限合同解除制度。这2年被称为所谓的合同“巩固期”（période de consolidation），实质上，并不能“加固”合同关系，而是事实上延长了合同的试用期，对劳动者来说就是使其处于不稳定就业状态。

这两个法案在适用范围上是互补的，前者适用于雇佣20人的企业，后者适用于雇佣20人以上的企业。在适用的劳动者方面，两者是不同的，前者适用于所有的就业人员，而后者只适用于26岁以下的青年人就业。

如果没有出现对于“初次雇佣合同法”的大规模游行示威以致最终迫使立法者取消，第三个法案可能就会出台了，那就是要把这两个法案的规定扩大适用，即在所有企业和所有的劳动者订立无固定期限合同，而在合同履行的前2年中雇主有权在毫无理由也不遵守任何程序上规定的情况下解除劳动合同。正如有的劳动法专家断言，这两项立法实质上是政府举着解决失业问题的大旗，把劳动者经过多年努力享受的既得权利——反对工作临时性和不稳定状态

（précarité des emplois）的权利给否定掉了。①

四、尝试中的"为完成特定工作订立的固定期限劳动合同"

近年来，面对经济全球化，面对法国失业率持高不下和经济增长缓慢的局势，法国企业不断传出改变僵硬的劳动关系、增加灵活性的呼声，但是同时，另一种声音也不示弱，那就是经济灵活的实现不能丢掉劳动者的既得权益，更不能抛开长期让法国人受益的法国模式（modèle franais）。如何在经济灵活和就业工作稳定之间寻求平衡，是近年来法国政府、企业和劳工各界乃至欧盟组织都在积极面对和思考的问题。为了实现灵活和稳定的结合，欧盟根据丹麦的做法②曾在2007年6月提出在欧盟范围内促进"flexicurité 灵活稳定性"（将灵活性 flexibilité 和安全性 sécurité 两个词合并在一起造出了一个词"flexicurité 灵活稳定性"）。2008年1月18日法国主要的劳资团体达成的"关于劳动力市场现代化"（modernisation dumarché du travail）的跨行业全国性协议③是想从劳资自治角度来落实"flexicurité 灵活稳定性"，该协议提出了若干项关于劳动合同的新规则，较多地反映了雇主团体的主张，增加了灵活性，对劳动者的保护也有所强化，但具有不确定性。④ 该谈判协议被认为具有"历史性"⑤，因为劳资团体对于劳动关系的重大问题结束过去的对立局面而走到一起进行谈判协商。该协议的内容基本上已被纳入到2008年6月25日法律中，其中，关于"为完成某一特定工作而订立的固定期限劳动合同"就是法国执行"flexécurité 灵活稳定性"的具体措施之一。

为完成某一特定工作而订立的固定期限劳动合同（contrat à durée déterminée à objet défini），又称为项目合同（contrat de projet），是固定期限劳动合同的一种，其期限长度不同于普通的固定期限劳动合同，是2008年1月

---

① Jean Pélissier：《一项令人悲叹的干预》（Une invention déplorable），载于《劳动法杂志》2006年第三期（Revue de Droit du Travail），n°3 2006，达鲁兹（Dalloz），第144页。

② 丹麦的做法表现为企业管理灵活性增强，较少限制解雇，但是大幅提高失业津贴，并且可以在4年内享受失业津贴。这种做法显然是增加了企业经营的灵活性，但是缩小了在职人员和失业人员的收入差别，降低了在职人员劳动积极性和参与性。

③ 该协议在三大雇主组织（MEDEF 法国企业运动、CGPME 中小企业联合总会、手工业者职业联合会 UPA）和四个工会组织之间签订（CFTC 法国基督教工人联合会、FO 工人力量、CGC-FEN 管理人员联合会-教育全国联合会、CFDT 法国劳动民主联合会），法国五大工会组织中只有 CGT（劳动联合会）没有签字。

④ Thomas Coutrot，：《一项关于工作临时性的跨行业协议》（Accord interprofessionnel pour la précarisation），《人道报》（L'Humanité）2008年1月22日（le 22 janvier 2008）。

⑤ www. rfi. fr

11 日全国性跨行业劳资集体协议确定的，试验阶段为 5 年，仅仅适用于招聘工程师和干部。

这类合同期限最长为 36 个月，最短为 18 个月，不得续订（普通固定期限劳动合同的适用和期限等内容见本书第四章）。适用这类合同的企业必须先有企业集体合同或者行业集体合同对此做出了规定。这类合同的解除混合了普通的固定期限合同解除和无固定期限劳动合同的解除。例如，某项特定工作完成合同即终止，此时，如果企业没有和该雇员订立无固定期限劳动合同，雇员有权得到全部工资收入的 10% 的终止补偿金；任何一方都有权单方解除合同，但是也要具有法定理由。

这类特殊的固定期限劳合同的目的在于，促进企业招聘白领人员，但是，相关的规定中尚有不确定性，特别是关于项目的完工、证据问题、与普通固定期限劳动合同规定的衔接等方面都是不清楚的，而且，实践中，企业的反映如何等也还不确定。所以，这一改革尝试的效果如何，现在还不得知，还得等待试验 5 年后的实际结果来说话。

第三节　劳动合同的有效条件和后果

劳动合同的有效在于合法地订立，才产生相应的法律后果。

一、劳动合同订立的有效条件

劳动合同的订立要遵守民法上合同订立的以下三项基本要求才能合法有效。

第一，订立主体合格。作为劳动合同订立主体的雇主一方，范围非常广泛，包括所有雇佣他人劳动的个人和组织，而作为提供劳动一方的应聘方劳动者必须是年满 16 周岁以上的人（特殊职业省例外）。

第二，劳动合同的订立必须是双方合意的结果。在劳动合同订立过程中，如果招聘方发出的招聘广告（即招聘要约）是针对不特定的多数人的，那么，招聘方就有权选择某个或某些应聘者，而拒绝某个或某些应聘者；如果招聘信息是针对某个具体的应聘对象的，那么，在提供的考虑期限届满前，招聘方不得撤回该招聘要约，否则，该招聘雇主就得向该应聘者承担民事责任。在订立合同前的双方协商阶段，如果雇主承诺招聘应聘者，就不得撤回该承诺，否则

也要承担责任；如果仅仅是原则上同意招聘，则雇主不对此承担责任。① 另外，双方的意思表示不得有瑕疵，如不得有错误、欺诈和暴力的因素。

第三，劳动合同的订立也必须有合法的标的和理由。绝大多数的提供劳动的行为都是合法的，但是，也不排除某些个别非法的提供劳动的行为，例如，妇女不能和拉皮条的人订立劳动合同并据此得到劳动报酬；不得为获得报酬运输毒品或者走私品。此外，某些劳动的提供属于合法但是同时属于受到规范的，例如，某些劳动需要有资质的要求，某些高强度和危险作业不得雇佣妇女，等等。如果劳动非法或者属于不道德行为，就直接导致劳动合同无效。

劳动合同的订立和履行都要遵循善意原则。

二、劳动合同无效的法律后果

如果缺乏上述三个条件之一，就导致劳动合同无效。但是，劳动合同的无效后果不同于民事合同的无效后果。劳动合同的无效后果不具有溯及力，即雇员付出的劳动要得到劳动报酬，雇员还有权得到工资单和工作证明。

① Jean Pélissier, Alain Supiot, Antoine Jeammaud 著：《劳动法》（Droit du travail），达鲁兹出版社（Dollez），2008 年，第 24 版，第 408－409 页。

第五章

固定期限劳动合同（CDD）

固定期限劳动合同的法语缩写为 CDD。在法国劳动法上，固定期限劳动合同是非常态下的劳动合同形式，属于劳动合同的例外形式，法律对于其适用、期限和解除等都作出了严格限制。

第一节　固定期限劳动合同的适用

作为临时劳动合同的一种，法律对于固定期限劳动合同的适用作出了严格的限制。

一、订立固定期限劳动合同的法定情形

欧盟关于保护固定期限劳动合同雇员的指令（1999/70/EU）明确指出："固定期限的劳动合同适用于特殊情形下，由成员国立法根据行业的特点在征询劳资团体意见后确定其适用范围及其续延。"

法国《劳动法典》法律卷第 1242 –1 条明确规定："固定期限劳动合同，不论其订立的理由如何，都不得以持续性地获得与企业正常的、经常性活动相联系的岗位为目标，也不得具有这样的效果。"为此，《劳动法典》法律卷接下来用两个条款（第 1241 –2 条和第 1241 –3 条）明确规定固定期限劳动合同适用的具体情形。

法律卷第 1241 –2 条不仅明确固定期限劳动合同时适用岗位的性质是临时性的，而且采用列举的方式，限定了固定期限劳动合同适用的具体条件。第 1241 –3 条主要规定了鼓励就业性的招聘可以适用固定期限劳动合同。归纳这两条的规定，固定期限劳动合同适用的情形包括以下几个方面。

1. 固定期限劳动合同用于替代某些雇员。

替代某些雇员的工作都是临时性的，因此适于订立固定期限的劳动合同。近年来法律把可以使用替代的情形予以扩大，不仅可以用固定期限劳动合同替

代休假的、离开的一般雇员，而且还可以替代企业经理。具体替代的情形如下。

第一，用来替代休假的雇员。如雇员休年假时，雇主可以订立固定期限劳动合同来招聘雇员临时替代休假雇员的工作。对此，司法判例认为，雇主虽然不必一定把以固定期限劳动合同招聘来的雇员安排在休假雇员的岗位上，但是，雇主不得以固定期限合同的方式招聘一个雇员，不是替代某一个具体的雇员，而是用来替代企业内所有休年假的雇员：此时，该雇员的劳动合同就被界定为无固定期限劳动合同。① 判例认为，替代可以叠加进行的，即如果替代休假的雇员也缺勤休假，雇主还可以继续用固定期限合同方式招聘雇员替代该替代雇员。② 另外，雇主可以让一个雇员先后替代多名休假雇员，但是每次替代具体一个雇员时，必须订立一个具体的固定期限劳动合同，而且，要注意的是，雇主如此连续雇佣这名替代雇员，不得为了让他持续地从事一个和企业正常的、经常性活动相联系的岗位，也不得达到如此的效果。

第二，用来替代劳动合同中止的雇员。法律规定，雇员病假、产假时劳动合同发生中止。雇员休病假、产假，暂时不能为雇主提供劳动，所以，劳动合同暂停履行称为中止。

第三，替代由全日制工临时转为非全日制工的雇员。一般来说，雇员由于家庭事务安排的需要，如子女出生后或者收养子女后需要继续照看，雇员可以休父母假，在父母假期满后，还可以向雇主提出由全日制工作临时改为非全日制的工作，但是要得到雇主的同意。由于这一临时改变造成某些工作岗位上缺人，雇主此时可用固定期限合同的方式招聘雇员。

第四，如果某个岗位在未来两年内将被取消，但在岗位被取消前，该岗位上的无固定期限劳动合同的雇员已经最终离开了岗位，并且此事经过了咨询企业委员会（在没有企业委员会的情况下，咨询了员工代表）的程序，此时该岗位上仍然需要雇员进行短期工作。

第五，为了等待订立了无固定期限劳动合同的雇员到岗。订立了无固定期限劳动合同的劳动者可能因为多种原因，暂时不能到岗，例如，尚未完成在另

---

① 最高法院社会庭 1998 年 2 月 24 日的判决，载于《社会法判例杂志》（RJS）1998 年第 4 期第 421 号。

② 最高法院社会庭 1995 年 11 月 22 日的判决，载于《社会法》（Droit social）1995 年第 194 页。最高法院社会庭 1997 年 7 月 16 日和 2002 年 10 月 15 日的判例，载于《社会法判例杂志》（RJS）1997 年第 10 期第 103 号和 2002 年第 12 期第 1361 号。

一雇主那里的固定期限劳动合同，需要等到该期限届满时才能到新的雇主那里入职。此时，雇主在该岗位上需要雇员时，就可以订立一个固定期限的劳动合同。

第六，替代手工企业、工商业企业的经理、经理夫人等特定地位的雇员。雇主可以订立固定期限劳动合同招聘人员，来临时替代因为各种原因暂时缺勤得的企业经理、实际参加企业工作的经理夫人，包括公司不具有雇员身份的合伙人。

2. 企业活动临时增加时可以订立固定期限劳动合同。

当企业活动“临时增加”时，企业可以以固定期限劳动合同的方式招聘雇员。如何认定企业活动的“临时增加”？最高法院社会庭在1982年的法律实施最初的一些判决中，一直强调把“不属于企业正常活动的、偶然出现的任务”视为企业活动的“临时增加”，例如，为了预防事故而必须进行的紧急工程。后来也有判决认为，如果雇主每个月的经营活动都略有增加，则不能算为“临时增加”。[①] 但是，近年来的判例实际上已经扩大了认定的范围，把企业所有活动的临时增加都认定属于此类适用固定期限合同的情形，不论该活动是否属于企业正常的、持续性经营活动，只要是临时性地增加，就都属于企业活动的“临时增加”，都属于可以适用固定期限劳动合同的情形，例如，出口订单的额外增加（属于企业正常的、持续性的活动）、改进工程（非企业正常的、持续性的经营活动），等等。司法判例这种扩大适用的态度，在有些权威学者看来较为吃惊。[②] 另外，有判决认为，雇主不必把如此招聘来的雇员安排在临时增加的岗位上工作。[③] 所有这些判例的态度实际上是从宽解释了什么是企业活动的“临时增加”。

司法实践中，雇主对此负有举证责任，法官会考察证据是否成立。因此，法官的作用在此是比较大的。

3. 具有季节性特点的工作，或者根据法令、集体合同的规定，习惯上不订立无固定期限劳动合同的行业，可以订立固定期限劳动合同。

---

① 最高法院社会庭2000年2月1日的判决，载于《民事判例第五卷》（Bull. civ. V）2000年第52号。

② Jean Pélissier, Alain Supiot, Antoine Jeammaud 著：《劳动法》，达鲁兹出版社 Dollez，2008年，第24版，第425页。

③ 最高法院社会庭2003年2月18日的判决，载于《民事判例第五卷》（Bull. civ. V）2003年第57号。

季节性工作是短期的、每年只在特定的季节出现并且每年重复的工作。农业、旅游等行业的工作是典型的季节性工作。最高法院社会庭认为：工作的季节性特点是指工作任务根据季节的轮换或者集体活动的规律，每年基本上在固定的日期进行并每年重复。① 学界认为，季节性工作是与某季节相联系、每年在该季节反复出现的工作，并且，该工作在每年的中断时间还必须足够长，否则也不属于季节性工作，例如，每年长达七八个月的所谓的季节性工作，实际上具有常年性工作的嫌疑。② 此外，以订立固定期限劳动合同招聘季节工的，雇主必须是季节性的企业或者自然人，否则，以常年性活动为业的雇主只在某一季节招聘雇员，只能以“活动临时增加”的理由来订立固定期限劳动合同，而不得以季节性工作为由订立固定期限劳动合同。

有些行业的劳动本身具有非持续性的特点，根据法规或者行业集体合同的约定，习惯上不订立无固定期限劳动合同。《劳动法典》条例卷第 1242 -1 条列举的、惯例上不订立无固定期限劳动合同的行业/活动包括下列十四项：森林业；船舶维修业；搬运业；宾馆和餐饮业、休假和娱乐中心；职业性体育行业；演出和文化活动、视听和电影制作、声波显示编辑；教育（大学教育除外）；培训和调查活动；仓储和肉类储存；建筑业和在国外的公共工程工地；在国外进行的合作、技术协助、工程和研究工作；根据法律卷第 5132 -7 条，为了帮助某些就业困难人群再就业而由某些协会、公共机构负责安置工作时；根据法律卷第 7232 -6 条，为了帮助某些就业困难人群再就业而由某些协会、企业和公共机构负责安置工作时；进行国际公约范围内的科学研究或者由外国学者临时居住在法国进行的科学研究活动。

除了上述法规的列举外，集体合同或者集体协议还可以扩展行业范围。例如，劳资双方团体可以通过集体合同或者集体协议的方式约定，本行业是非持续性的工作，习惯上不订立无固定期限劳动合同，只订立固定期限的劳动合同。

判断一个企业是否属于上述列举的行业，必须从企业的主要经营活动来判断，而不是从个别活动来推断。另外，要根据企业的活动而不是根据雇员的岗位来判断是否适用这一条件，例如，1998 年最高法院社会庭一个判决认为，

① 最高法院社会庭 1999 年 10 月 12 日的判决，载于《民事判例第五卷》（Bull. civ. V）1999 年第 373 号。

② Emmannuel Dockès 著《劳动法》（Droit du travail），达鲁兹出版社（Dalloz），2008 年，第 214 页。

某银行对于其招聘的培训人员不得订立固定期限的劳动合同，不能仅仅因为雇员的岗位是培训员就根据这项法律规定而订立固定期限的劳动合同，因为银行不属于上述法规所列举的行业。①

这一类可以适用固定期限劳动合同的情形在实践中是最容易被雇主滥用的。为了减少和制止雇主的滥用，从 2003 年以来，最高法院社会庭对此条款的适用日益采取严格的态度。它通过一系列判决明确：仅仅证明雇主的行业属于法规列举范畴还不足以证明订立固定期限劳动合同是合法的，雇主还必须证明在该工作或者岗位上有不订立无固定期限劳动合同的惯例，即要证明对于该工作，行业惯例是订立固定期限劳动合同。② 对于本行业在该岗位或者工作上存在如何订立何种劳动合同的惯例，由雇主负有举证责任，法官决定举证是否充分和有效。如此一来，雇主的举证就比较难实现，因为雇主要详细考察和搜集资料，来证明行业内对于某一岗位或者工作存在不订立无固定期限劳动合同的惯例。

从最高法院社会庭判例的最新要求可以看出：并不是只要企业属于列举的这些行业，不论什么岗位就都可以订立固定期限的劳动合同。判断是否能够合法地订立固定期限劳动合同的标准是，是否存在订立固定期限劳动合同的行业惯例。

4. 为了帮助某些特定人群就业或者改善就业，可以采取固定期限劳动合同形式招聘。

法律明确规定，针对某些特定人群而创制的特定种类的劳动合同都是采用固定期限劳动合同的方式订立。这些特殊的劳动合同主要包括以下四种。

第一，法律卷第 6325－1 条规定的职业资格化合同（contrat de professionnalisation）：该类合同的目的在于帮助特定劳动者实现第 6314－1 条规定的职业培训权并获得职业资格，以便有利于劳动者的职业安置。该条规定这类合同的适用对象为：一是 16－25 岁的年轻人，这一合同有助于完善他们最初的职业培训；二是 26 岁以上的求职人员。

第二，法律卷第 5134－65 条规定的吸纳就业合同（contrat initiative-em-

① Jean Pélissier，Alain Supiot，Antoine Jeammaud 著：《劳动法》，达鲁兹出版社 Dollez，2008 年，第 24 版，第 424 页。判决见最高法院社会庭 1998 年 2 月 25 日判决，《社会法判例杂志》（RJS），1998 年第 4 期第 421 号。

② 最高法院社会庭 2003 年 11 月 26 日、2004 年 2 月 4 日、2006 年 9 月 20 日的判决，分别载于《社会法判例杂志》（RJS），2004 年第 1 期第 9 号、第 4 期第 657 号、2006 年第 11 期第 1155 号。

ploi)：该类合同的目的在于为存在社会或者职业困难的求职人员的就业安置提供便利；为此，国家和雇主按照规定的条件订立协议，由雇主招聘这些有就业困难的人员，订立固定期限劳动合同，然后国家向该雇主提供资助。

第三，法律卷第 5134 – 20 条规定的工作陪伴（协助）合同（contrat d'accompagnement dans l'emploi)：该类合同的目的在于促进存在就业困难的群体的就业安置，由国家和地方政府、其他公共机构、私法上的非营利组织和负责公共服务管理的私法机构订立协议，这些机构招聘就业困难人员，订立私法上的劳动合同，采用固定期限的劳动合同，然后，国家给予这些机构一定的资助或者免除其一些费用。这类劳动合同针对的工作常常是那些令人不能满意的公共需求方面的、而有不涉及政府服务领域的岗位。

第四，法律卷第 5134 – 35 条规定的未来合同（contrat d'avenir)：这类合同的目的在于促进最低安置收入、特殊互助津贴、单身父母津贴和残疾成年人津贴的领取者职业安置，由政府和雇主订立协议，雇主招聘这些就业困难人员，订立固定期限劳动合同，然后政府给这些雇主一定的资助或者一定费用的减免。这类合同涉及的工作岗位也是令人不满的公共需求方面的。

5. 为完成特定工作、由集体合同允许订立的一类固定期限劳动合同。

这是最新的一种固定期限劳动合同适用的情形。2008 年 6 月 25 日关于劳动力市场现代化的法律第 6 条规定了“为宪法特定工作订立的固定期限劳动合同”（contrat de travail à durée déterminée à objet défini)（前文第 32 页已略作介绍）。这类合同必须根据集体合同而订立，只能用于招聘工程师和干部，合同期限介于 18 个月到 36 个月之间（即一年半至三年的期限)，具体日期不确定，但是合同因特定目的的实现而发生届满。这类合同在订立和解除方面都不同于其他的固定期限劳动合同，要遵守特殊的规则。在订立方面，必须有集体合同的明确规定，既可以是行业集体合同，也可以是企业集体合同，或者集体协议，集体合同/集体协议中必须有关于这类合同订立的详细规定，不能仅仅做笼统规定。例如，集体合同/集体协议中至少必须包括以下内容：第一，订立这类合同的客观形势要求；第二，这类合同涉及的劳动者在职务等级、其经验价值的认定、再就业的优先权和职业培训方面的明确规定；第三，这些合同涉及到的劳动者在任务完成后优先获得一份无固定期限劳动合同的条件。[①]

---

① Jean Pélissier, Alain Supiot, Antoine Jeammaud 著：《劳动法》，达鲁兹出版社 Dollez，2008 年，第 24 版，第 425 – 426 页。

这类合同，名称上很像我国《劳动合同法》上的以完成一定工作为期限的劳动合同，但是，我国法律没有对此类劳动合同进行任何规范，而法国法则有具体规范，使之不同于一般的固定期限劳动合同，使之更加适合企业或者行业的需要，在订立上赋予劳资团体以一定的规范权力，在解除上，也使雇主和雇员有了其他固定期限劳动合同当事人没有的单方解除权。所以，这类合同可以看作是法国应对经济灵活化发展需要的一项法律举措。

综上可知，法国法对固定期限劳动合同规范的一个基本出发点和立足点是：禁止把固定期限劳动合同用于持续性地进行某一工作。正如《劳动法典》法律卷第 1242 -1 条规定："固定期限劳动合同，不论其订立的理由如何，都不得以持续性地获得与企业正常的、持续性活动相联系的岗位为目标，也不得具有这样的效果。"① 最高法院社会庭 2008 年 1 月 23 日 Calori 案的判决也再次表明了判例的态度：对于固定期限劳动合同的适用，"必须得到客观因素的证明……这些客观因素说明了工作的临时性特征。"②

二、禁止订立固定期限劳动合同的情形

法律不仅限定固定期限劳动合同适用的条件，而且还规定了禁止适用的情形。第 1242 -6 条还明确列举了两种禁止签订定期劳动合同的情况。

一是禁止用固定期限劳动合同招聘雇员替代因集体劳动冲突（如罢工）而暂停履行劳动合同的雇员。立法的目的在于防止雇主利用订立固定期限劳动合同来替代罢工人员，威胁到罢工员工的岗位，从而使罢工难以进行下去。③

二是禁止在法规所列的特别危险的工作岗位上订立固定期限劳动合同来招聘员工。实践中，雇主往往把雇佣时间短的雇员分配到危险岗位上，这样一来，对雇主就有可谓"一石二鸟"的作用：一是保护和节约了持续性的用工，二是工伤和职业病已经转嫁到不再属于企业的这些人身上，雇主不再为他们负责，因为他们的固定期限劳动合同都是很短期限的。④ 为此，法律向这种现象

---

① 虽然从该条的条文中，可以得出：持续地从事不属于企业正常的、持续性活动范畴的工作，不属于该条禁止之列。司法实践中也有这样的案例，即企业和这类雇员订立固定期限劳动合同，是合法的。这样的工作对于某一个雇员来说，他必须是多面手，因为从一项临时工作再到另一项临时工作，多个固定期限合同持续地进行下去；而且，这些工作还都不是企业内正常的、持续性的经营活动。

② 案例和 G. Auzero 教授的评论载于《劳动法杂志》（RDT）2008 年第 3 期第 170 页。

③ Jean Pélissier, Alain Supiot, Antoine Jeammaud 著：《劳动法》，达鲁兹出版社 Dollez，2008 年，第 24 版，第 427 页。

④ Emmannuel Dockès 著《劳动法》（Droit du travail），达鲁兹出版社（Dalloz），2008 年，第 240 页。

亮出红灯：《劳动法典》条例卷第 4154－1 条明确列举了二十七种危险的化学物质，凡是直接暴露于这些危险物质的岗位都属于禁止订立固定期限劳动合同或者招聘临时工的岗位。

除了上述禁止之外，法律还针对经济性裁员后的招聘作出禁止（第 1242－5条）：禁止雇主在经济性裁员之后的六个月内、以经营活动临时增加为由、在裁员涉及到的岗位上，订立固定期限劳动合同招聘雇员。

第二节　对固定期限劳动合同订立次数、续订和期限届满的限制

法律对定期劳动合同的订立次数、期限和续订等也规定了限制。

一、对续订的次数和合同的总期限的限制

法律卷第 1243－13 条规定："固定期限劳动合同只能续订一次。"而且，法律规定，包括续订一次的期限在内，固定期限劳动合同的总期限一般不得超过 18 个月（法律卷第 1242－8 条）。

在特定情形下，这一总期限还必须缩短：如果是为了等待一个无固定期限劳动合同的劳动者入职，或者是为了完成安全方面的紧急任务而订立的固定期限劳动合同，该合同总期限不得超过 9 个月。

在另外一些特定情形下，固定期限劳动合同的总期限还可以超过 18 个月，延长到 24 个月：第一，如果固定期限劳动合同是在国外履行；第二，如果固定期限劳动合同的订立是为了替代在岗位取消前已经最终离开企业的雇员；第三，如果企业接到额外的出口订单，而完成该订单任务远远超出企业正常的生产能力，此时通过订立固定期限劳动合同招聘雇员，订立的初始期限不得低于 6 个月，而且雇主事先要咨询企业委员会，没有企业委员会时，要咨询员工代表。

欧盟 1999 年的指令要求各成员国立法限制固定期限劳动合同的适用期限。各成员国在此规定上有所不同。相比而言，法国的规定是最严格的。英国劳动法为了落实欧盟 1999 年的指令制定了关于固定期限劳动合同雇员的条例（2002 年 10 月 1 日起实施）。根据该条例，固定期限劳动合同的初始期限和续延期限总和一般不得超过 4 年。超过 4 年后劳动关系继续存在的，除非雇主有客观理由证明需要签订固定期限合同，否则即视为无固定期限的劳动合同关系。德国劳动促进法也要求固定期限劳动合同的期限不得长于 18 个月。

二、关于连续订立固定期限劳动合同的限制

法律对于连续订立固定期限劳动合同的限制表现在两个方面：一是对同一个岗位的限制上，二是对同一个雇员的限制上。

（一）限制在同一个岗位上连续订立固定期限劳动合同

1. “等待期”（délai de carence）的设立

为了防止在一个持续性的岗位上订立数个连续的固定期限劳动合同，法律明确规定：正常情况下，不能在同一岗位上连续订立两个固定期限劳动合同。《劳动法典》法律卷第1244－3条为此规定：在上一个固定期限劳动合同届满和第二个固定期限劳动合同订立之间必须遵守一段“等待期”，即必须经过这段时间之后，雇主才可以在同一岗位上订立第二个固定期限劳动合同，也就是说，不能在上个固定期限合同届满后立即订立第二个固定期限劳动合同；“等待期”的长度根据初始合同的期限而定，如果上一个合同总期限（包括初始合同期限和续订的期限）低于14天，“等待期”就是上一个合同总期限的一半时间；如果上一个合同总期限超过14天，“等待期”就是上一个合同总期限的三分之一。

2. “等待期”的适用情形

“等待期”的规定不适用于替代雇员时招聘、季节工的招聘和依照行业惯例订立固定期限劳动合同的情形，即仅适用于在企业活动临时增加时而订立固定期限劳动合同。例如，在企业经营活动临时增加时，企业与雇员订立的初始固定期限劳动合同为3个月，后来又续订了一次，也是3个月，这样订立是合法的，因为总合同期限没有超过18个月，到续订期满后，这个固定期限的劳动合同就终止了；如果雇主想在同一个岗位上，再次以订立固定期限劳动合同方式招聘雇员，就必须等待2个月之后——即上一个合同总期限6个月的三分之一时间之后，才能合法地订立。这是的2个月就是“等待期”。

在替代雇员时招聘、季节工的招聘和依照行业惯例订立固定期限劳动合同的情形下，当他们的固定期限劳动合同期满时，法律允许企业可以继续和他们订立固定期限劳动合同（法律卷第1244－1条）。例如，当一个被替代的雇员回到岗位，一个固定期限劳动合同到期届满了，雇主为了替代另外的雇员休假而和同一个劳动者继续订立另一个固定期限劳动合同，这是合法的。

综上规定，我们可以看出：“等待期”的目的是阻止企业在持续性的工作

岗位上连续订立固定期限劳动合同。[1] 试想：如果在同一个岗位上，雇主需要反复、连续地使用固定期限劳动合同员工，就说明该岗位应当是持续性的岗位，而不是临时性岗位，所以，不能适用固定期限劳动合同，而应当订立无固定期限劳动合同。

我们可以把上述规定简单归纳为两条：企业可以和同一个劳动者，在替代性、季节性岗位和惯例允许时，连续多次地订立固定期限的劳动合同；但是，企业不能在此外的岗位上（即临时增加的工作或岗位上）连续订立固定期限劳动合同，必须经过"等待期"之后才能再次订立。

（二）限制对同一个雇员连续订立固定期限劳动合同

法律规定，在替代性、季节性岗位和惯例允许时，雇主连续多次地订立固定期限的劳动合同（法律卷第 1244－1 条）。在一个固定期限合同届满后，雇主还可以继续和该劳动者订立固定期限劳动合同，只是岗位不能是同一个，合同也是另一个固定期限合同了。这一条规定实际上也是对一项原则提出的例外——雇主一般不得连续用固定期限合同雇佣同一个雇员，即使每次固定期限合同的具体目的不同，否则，劳动关系就被重新界定为无固定期限劳动合同关系。

有判决表明，在连续使用固定期限劳动合同雇佣同一个雇员的案件中，如果发现该雇员在连续多年的时间里，岗位和工资都没有任何变化，法官就把该固定期限合同重新界定为无固定期限的劳动合同；但是，如果该企业本身就是临时性工作的企业，而且，续订的次数也只有两年，法官也不会做出重新认定。[2]

三、固定期限合同期满与无固定期限劳动合同的确认

固定期限劳动合同期满后劳动关系事实上继续存续的，劳动合同即转为无固定期限劳动合同；固定期限劳动合同所经过的期限计算为劳动者的工龄；如果有试用期，试用期从固定期限劳动合同所经过的期限中扣除（法律卷第 1243－11 条）。

这一条规定的是固定期限劳动合同期限届满后，双方存在着事实劳动关系时，即双方没有订立任何书面的劳动合同，不论前后岗位是否变动，这时，劳动关系就是无固定期限劳动合同关系，因为无固定期限劳动合同不需要书面形

---

① François Gaudu 著《劳动法》（Droit du travail），达鲁兹出版社（Dalloz），2007 年，第 85 页。

② 最高法院 1996 年 12 月 4 日的判决，《民法判例第五卷》（Bull. civ. V）1996 年第 414 号。

式订立。法律如此规定，不仅仅是对雇主的一种惩罚，也是对双方默示方式修改合同的一种认可。① 这也是为什么，当雇员提出重新界定合同的诉讼要求时，如果雇主承认劳动关系是无固定期限劳动合同时，法官就不再依照法律卷第1245 -2 条规定，判决要求雇主支付最低一个月的惩罚性补偿金。

四、违反关于期限的规定与合同的重新界定

法国劳动法对固定期限劳动合同的严苛态度还表现在，任何对固定期限劳动合同期限规定的违反，固定期限劳动合同都被重新界定（requalification）为无固定期限劳动合同（法律卷第1245 -1 条）。

法律甚至为此重新界定规定了快速诉讼通道：雇员要求界定为无固定期限劳动合同的案件直接进入劳动争议的一审法庭——劳资争议委员会的判决室，并且该室必须在收到案件的下个月做出判决（法律卷第1245 -2 条）。此外，根据该条款，雇员还至少有权获得不低于一个月工资数额的补偿金。该补偿金的性质是对雇主违反关于期限规定的惩罚。当然，如果雇主在该违法订立的固定期限届满后已经事实上继续雇佣了该雇员，雇主就不必支付这笔惩罚性补偿金，因为法律认定此时双方的关系为无固定期限劳动合同。②

如果雇主的违法行为还对雇员造成了其他的损失，雇主还必须再承担赔偿的责任。例如，如果雇主非法解雇了雇员，还要承担非法解雇的补偿金，参照无固定期限劳动合同非法解雇的规定执行。

涉及期限问题时，要求重新界定的权利只属于雇员。雇员只要通过各种证据证明该劳动合同的订立是固定期限的，就可以要求法庭重新界定该劳动合同为无固定期限的劳动合同。

第三节　固定期限劳动合同订立和内容

由于固定期限劳动合同属于特殊的劳动合同，所以，关于其订立形式和内容，法律也分别提出了不同于无固定期限劳动合同的要求。

一、订立形式上的要求

不同于无固定期限劳动合同，固定期限劳动合同必须采用书面形式，而

---

① 同上，第87页。

② Jean-Emmanuel Ray 著《劳动法 有生命力的法》(Droit du travail droit vivant)，2008/2009 年版，出版社 éditions Liaisons，第84页。

且，缺少书面形式后果很严重，该固定期限劳动合同就被重新界定为无固定期限劳动合同（法律卷第 1242 -12 条第 1 款）。法律要求书面形式的目的在于，可以保证这类例外形式劳动合同的订立得以遵守法律的规定。另外，为了安置某些就业困难人群的固定期限劳动合同还必须采用劳动行政部分规定的劳动合同格式。

劳动合同订立后，至迟要在招聘后的两个工作日内交给雇员个人持有一份（第 1242 -13 条）。

二、合同内容的要求

法律要求书面订立的固定期限劳动合同必须具备一些不可缺少的条款。综合法律的具体规定和司法实践，我们可以把固定期限劳动合同的必备条款分为两部分。一部分是核心条款，另一部分是其他必备条款。

1. 核心条款

法律卷第 1242 -12 条第 1 款规定："固定期限劳动合同必须书面订立，并且详细说明订立的理由。否则，该合同就被视为无固定期限的。"根据这一规定，可以看出合同内容中最核心的必备条款是明确订立固定期限劳动合同的理由。这一要求便于监督雇主是否按照法律规定的情形订立固定期限劳动合同。如果没有明确理由的条款，该劳动合同就被视为无固定期限劳动合同。

关于这一必备条款的具体表达，最高法院社会庭的判例曾经一度持宽松的态度，合同中采取笼统式的、模糊的语言说明订立的理由也被判例所认可，例如，在 2005 的一个判决中，雇主仅仅写明"由于企业活动的临时增加"，就被法官认为符合法律要求了。[①] 但是，近年来，由于受到欧盟法院判例[②]的影响，最高法院对这一条款的要求也开始采取严格的态度[③]：在 2007 年 11 月 29 日的一个案件中，最高法院社会庭提出"要规定所有便于评价订立的理由的详细内容"；这一要求又在 2008 年 Calori 案件中得到加强："要显示能够证明

① 最高法院社会庭 2005 年 9 月 30 日的一个判决，《民法判例第五卷》（Bull. civ. V）2005 年第 271 号。

② 欧盟范围内的劳资团体于 1999 年 3 月 18 日制定了关于固定期限劳动合同的框架协议，根据该协议，欧盟立法机关制定了 1999/70 号关于固定期限劳动合同的条例。欧盟法院在一起关于固定期限劳动合同的案件中（2006 年 7 月 4 日 Adeneler 案件，C -212/04），从严要求了订立固定期限劳动合同的条件。

③ Emmannuel Dockès 著《劳动法》（Droit du travail），达鲁兹出版社（Dalloz），2008 年，第 234 页。

工作属于临时性的、所有具体的、详细的因素。”

另外，对这一核心条款的另一个要求是，该条款表达的订立固定期限劳动合同的理由只能有一个，如果雇主列举了多项理由来订立固定期限劳动合同，最高法院通过判决认为，该合同也被重新界定为无固定期限的劳动合同。①

2. 其他必备条款

除了明确订立理由这一最重大的必备条款外，第 1242－12 条第 2 款还列举了合同应当明确的其他条款（即其他必备条款）：

第一，如果是为了替代雇员而订立固定期限劳动合同的，必须载明被替代雇员的姓名和职务。这条要与明确订立的理由中的第一项相联系，即如果订立固定期限劳动合同的理由是为了替代某雇员，就必须明确该雇员的姓名和职务。如果是其他订立理由的，就不涉及这一项。

第二，必须明确合同的期限，涉及具体日期时，还可以包括续订条款；如果没有具体日期时，必须明确合同最短的期限。法律卷第 1242－7 条规定：固定期限劳动合同从订立之时就要明确具体的、详细的期限。但是，在为替代雇员而订立的固定期限劳动合同时，可以不必明确详细的期限，但是要明确最短的期限。

第三，明确岗位。合同要明确用固定期限劳动合同招聘来的雇员的岗位，在替代雇员情形下，岗位可以不是被替代雇员的岗位。当订立的理由是因为临时增加活动时，临时增加的工作具有临时性，即非持续性，但是其中涉及到的岗位不一定具有临时性，但是该岗位是服务于该临时增加的工作的。

第四，适用于该雇主的集体合同名称。这是向招聘的雇员提供涉及企业和劳动者权益的重要信息。

第五，如果有必要时，明确试用期。是否订立试用期条款，由双方约定，或者根据集体合同而定。但是法律要求试用期最长不得超过 1 个月，而且只有期限超过 6 个月的定期劳动合同才可以订立 1 个月的试用期；其他情形下，试用期不得超过 2 周（第 1242－10 条）。在试用期，双方在不滥用权利的前提下，都可以提出解除合同，而无需向对方支付补偿金。

第六，劳动报酬的数额和组成，包括奖金和其他辅助性工资。

第七，补充性退休保险机构的名称和地址，如果存在的话，互助性保障机

① 最高法院社会庭 2008 年 1 月 23 日的一个判决，《社会法判例杂志》（RJS）2008 年第 4 期第 373 号。

构的名称和地址。

我们看到，在这些其他必备条款中，实际上其重要性也是有别的。有些内容是和订立的理由这一最重要的必备条款性联系的，例如，被替代雇员的名称和职务，这是订立的合法理由中关于替代雇员情形下必须要涉及到的信息，因此，也是很重要的、不可疏忽的。另外，工资、岗位也是非常重要的、不可缺少的内容。关于有关机构的名称和地址的内容，则是属于信息性的内容，其重要性远远低于其他内容。

那么，如果缺少以上列举的其他必备条款之一，该固定期限劳动合同是否被重新界定为无固定期限劳动合同呢？从不同的角度看，对此问题的回答有些差异。

从法律规定角度看，因为《劳动法典》法律卷第 1245 - 1 条规定："违反法律卷第 1242 - 1 至第 1242 - 4（关于固定期限劳动合同适用法定情形）、第 1242 - 6 至第 1242 - 8（禁止适用情形和合同期限的规定）、第 1242 - 12 条第 1 款（书面形式和订立理由的要求）、第 1243 - 11 条第 1 款（固定期限合同到期后存在继续雇佣的事实时，合同就转化为无固定期限劳动合同）、第 1243 - 13 条（关于续订一次的要求）、第 1244 - 3 条和第 1244 - 4 条（关于"等待期"的规定）而订立的合同都被视为无固定期限劳动合同。"①这一条只提到第 1242 - 12 条第 1 款（书面形式和订立理由的必备条款），而没有包括该条第 2 款列举的合同其他必备事项，由此可以推论：该条第 2 款列举的其他必备条款的缺少并不导致合同被重新界定为无固定期限劳动合同的后果。

从司法实践角度看，最高法院的态度是排除仅仅从字面理解法律卷第 1245 - 1 条和第 1242 - 12 条；应当区别看待第 1242 - 12 条第 2 款列举的其他必备条款，有些仅仅是信息性的条款，如退休保险机构的名称和地址，有些则是很重要的，例如工资、岗位、被替代雇员的名称等，都是不可或缺的。由此，最高法院社会庭认为：如果缺少第 1242 - 12 条第 2 款列举的属于信息性的条款，则该劳动合同不能被认定为无固定期限劳动合同；如果缺少其中重要的内容，则该劳动合同就被视为无固定期限的劳动合同。②

此外，最高法院的判例认为，任何关于当事人可以在期限届满前解除合同

---

① 此条款括号内的内容为作者所加，便于读者了解所涉及到的条款的具体内容。

② Jean Pélissier, Alain Supiot, Antoine Jeammaud 著：《劳动法》，达鲁兹出版社 Dollez，2008 年，第 24 版，第 430 页。

的约定都是无效的。即固定期限劳动合同不允许当事人的约定解除。

三、固定期限劳动合同雇员权利的特点

虽然固定期限劳动合同属于特殊劳动合同，但是，这类合同下的雇员不得被歧视。法律特别强调了这一点。

1. 平等权利原则

在固定期限劳动合同的有效期内，雇员享有与无固定期限劳动合同雇员相同的权利（法律卷第 1242 – 14 条）。法律特别确认和强调这一平等权利，具体涉及到法律规定的劳动者的权利、集体合同/集体协议规定的权益和劳动者根据职业惯例享有的权利三个方面，并制定了相应的保障措施。例如，关于劳动报酬上的平等权利的保护，法律卷第 1248 – 8 条明确了刑法制裁：支付给固定期限劳动合同雇员的工资低于企业同岗位上的无固定期限劳动合同雇员的，处以 3750 欧元罚金，累犯者，处以 7500 欧元罚金和 6 个月的监禁。

当然，平等权利的落实有时也受到某些事实因素的制约，因为雇员很多的权益都直接与其工龄相联系，这样，就对固定期限劳动合同雇员很不利，因为他们的劳动合同期限都是很短的。

另外，在劳动合同规范方面，固定期限劳动合同的雇员和无固定期限劳动合同的雇员之间的最大区别在于劳动合同解除上的不同。

2. （短暂的）相对稳定的就业权利

在期限届满前，固定期限劳动合同雇员享有与期限相同时间的就业稳定的权利。这是与无固定期限劳动合同不同的一点，因为固定期限劳动合同一般不允许单方解除，而无固定期限劳动合同则可以单方解除。显然，因为固定期限合同的期限本身较短，这种就业稳定也就显得很短暂，所以，也就不是劳动者的职业生涯所追求的。而且，这种短暂的就业稳定仅仅从试用期满以后开始，因为，在试用期，双方都可以随时解除合同，而不需要向对方支付补偿金。

第四节　固定期限劳动合同的解除和终止

鉴于法国法把固定期限劳动合同确定为短期的临时性的劳动合同，所以，其解除和终止都要符合特定要求，当事人的单方解除权受到严格限制。

一、固定期限劳动合同解除的条件

固定期限劳动合同双方必须按照合同约定的期限履行，不得在期限届满前

解除合同，这是合同的基本原理所要求的。在遵守这一合同法基本原理的前提下，法律严格限制合同在期限届满前的解除。法律卷第 1243 –1 条明确规定："如果没有双方当事人的协议，固定期限劳动合同只能在严重过错和不可抗力的情形下，在期限届满前解除。"这一规定排除了任何通过集体合同的形式来规定固定期限劳动合同在期限届满前的解除。例如，一个足球队的规章规定了球员合同的期限和合同的解除情形，这一规章被法官认定为属于集体合同性质，其中关于合同解除的规定不得违反法律，即在没有球员和球队双方当事人的协议解除、没有不可抗力、没有球员严重过错时，合同不得在期限届满前解除。①

根据法律卷第 1243 –1 条和第 1243 –2 条的规定，只有在下列四种情形下，固定期限劳动合同才可以解除。

1. 不可抗力

《法国民法典》没有给不可抗力下定义，根据判例，不可抗力是指所有造成合同不可能履行的、当事人不能抵抗的各种外部事件。② 不可抗力绝对不是指使合同的履行更加昂贵的情形，也不包括经济形势的变化。由于遭受不可抗力而不可能履行劳动合同的一方当事人，必须举证不可抗力的存在，此时，固定期限劳动合同才可以因此而解除。在不可抗力解除之下，雇主必须向雇员支付一笔补偿性费用（补偿金），其数额为雇员到合同期满时应得到的工资总额（第 1243 –4 条第 2 款）。

2. 严重过错（faute grave）

什么是严重过错？这是由法官来决定的，法律条文没有任何规定。根据判例的态度，学者们总结为：严重过错是指那些使劳动关系的维持成为不可能的过错。③ 严重过错是针对双方当事人的。雇员的严重过错行为，使得把他留在企业成为不可能，即使是很短暂的时间。④ 从具体判决看，最高法院社会庭把拒绝作正常的工作、暴力、拒绝遵守安全规则、贿赂腐化、给生产线造成运转

---

① 最高法院社会庭 1998 年 5 月 6 日的一个判决，《民法判例第五卷》（Bull. civ. V）1998 年第 235 号，列举在《劳动法典》2008 年版，达鲁兹出版社（Dalloz），第 277 页，第 1243 –1 条项下。

② 见《法国民法典》（Code civil）第 1148 条及条款下所列举的判例要点，达鲁兹出版社（Dalloz），2009 年版，第 1306 页。

③ 引自最高法院社会庭 1963 年 2 月 13 日的一个判决，Jean Pélissier，Alain Supiot，Antoine Jeammaud 著：《劳动法》，达鲁兹出版社 Dollez，2008 年，第 24 版，第 436 页。

④ François Gaudu 著《劳动法》（Droit du travail），达鲁兹出版社（Dalloz），2009 年第 3 版，第 92 页。

破坏，等等行为视为雇员的严重过错，把拒发工资、拒绝发给雇员工资单、对雇员有暴力等行为视为是雇主的严重过错；但是，雇员职业能力不能胜任工作、身体不能胜任工作、生病，不能认定为严重过错。① 对于是否属于严重过错，需要具体案件具体判断，通常，法官根据雇员年龄、岗位性质等具体情形来判断雇员的过错是否属于严重过错。

雇主可以对犯了严重过错的雇员进行各种形式的处罚，其中最严重的处罚就是解雇，即解除劳动合同。不论雇主采取哪种形式的处罚，都必须遵守法律关于处罚的程序规定。如果解雇符合实质要件，但是违反了法定程序，最高法院社会庭在审查解雇符合严重过错后，也不会仅仅因为程序违法而否定解雇的效力。

援引对方严重过错的一方当事人负有举证责任。如果法官认定存在严重过错，固定期限劳动合同就可以因此而解除。

3. 双方协议解除

法律允许，双方当事人以明确的、不含糊的意思一致来解除一份期限未届满的劳动合同；司法判例还要求，这类协议只以解除固定期限劳动合同为目的，不得涉及其他问题。

4. 雇员获得了一份无固定期限劳动合同时

法律明确规定，雇员找到了新的工作，而且订立了一份无固定期限劳动合同时，可以提出解除正在履行中的固定期限劳动合同（第 1243 –2 条）。如果雇员在固定期限劳动合同履行期间，找到了新的工作，而且这份新工作是一份持续性的工作，是订立了无固定期限的劳动合同的，这时，该雇员就可以提出解除正在履行中的固定期限劳动合同。但是，雇员此时提出解除合同，一是要证明已经订立了一份无固定期限的劳动合同，二是要遵守预告期，除非双方达成立即解除的协议。预告期的期限为固定期限合同的每一周计算为一天，最长不得超过 2 周。

二、当事人违法解除固定期限劳动合同的法律后果

此时的法律后果因雇主或者雇员违法而有所不同。对于雇主违法，法律规定了两项负担，不论违法实际的后果；而对于雇员违法，法律没有规定固定化

---

① 所涉及的案例列举在《劳动法典》（code du travail）2008 年版，达鲁兹出版社（Dalloz），第 278 页，第 1243 –1 条项下 III 严重过错。下列著作也有援引：Jean Pélissier，Alain Supiot，Antoine Jeammaud 著：《劳动法》，达鲁兹出版社 Dollez，2008 年，第 24 版，第 436 页。François Gaudu 著《劳动法》（Droit du travail），达鲁兹出版社（Dalloz），2009 年第 3 版，第 92 页。

的责任，只是规定了如有实际损失的后果，雇员才承担责任。这样区别处罚的理由，在于雇主和雇员之间存在着事实上的不平等。[①] 这一区别对待也体现在无固定期限劳动合同的规定之中。

1. 雇主的法律责任

如果雇主违法解除固定期限劳动合同，根据《劳动法典》法律卷第1243－4条雇主必须承担以下两项法律负担。

第一，雇主向雇员支付赔偿金。

赔偿金的数额至少等于雇员从开始履行合同到合同期满时其应得到的全部工资，不论合同履行了多长时间，也不论违法解雇给雇员造成多少损失。如果合同期限不确定，法庭会参考该合同的“可预知性”的期限，来判决雇主应支付的赔偿金数额。显然，这里的赔偿金对于雇主来说是惩罚性的一个固定数额，与造成的损失无关。另外，关于雇员有过错时、雇主是否承担这笔赔偿金，有司法判例指出：当雇员不能胜任合同确定的工作时，雇主因此而解雇该雇员，该雇员无权获得雇主支付的这笔赔偿金，因为雇员不能胜任工作，不能完成合同确定的工作，雇主就有权不支付合同剩下期限内的工资，也没有义务向其支付赔偿损失的费用。[②] 对此问题，法律还没有任何涉及。

第二，雇主向雇员支付固定期限合同终止补偿金。

雇主违法解除固定期限劳动合同时，其承担的上述赔偿金不影响其仍然要向雇员支付固定期限合同经济补偿金。

2. 雇员的法律责任

如果雇员违法解除固定期限的劳动合同，应当向雇主承担由此造成的损失。雇主负有举证损失存在的责任，如果雇主不能证明损失的存在，雇员就对此没有责任。[③]

三、固定期限劳动合同终止补偿金

固定期限劳动合同在期限届满时终止（第1243－5条第1款）。法律规定，合同终止了，符合条件的雇员还享有合同终止补偿金（indemnité de fin de

---

① Jean Pélissier，Alain Supiot，Antoine Jeammaud 著：《劳动法》，达鲁兹出版社 Dollez，2008年，第24版，第438页。

② 最高法院社会庭2003年11月18日和2004年6月8日的判决，分别载于《民事判例第五卷》（Bull. civ. V）2003年第285号和《社会法》杂志（droit social）2005年第918页。

③ 最高法院社会庭1993年3月3日的判决，《巴黎律师公会社会法学刊》（CSBP），1993年第114页。

contrat）。

1. 享受固定期限劳动合同终止补偿金的条件

在固定期限劳动合同到期时，如果雇主没有与该雇员订立无固定期限劳动合同，那么，雇员有权得到该合同终止补偿金（第1242－8条）。如果在合同期满后，雇主又合法地与同一个雇员订立了另一个固定期限的劳动合同，那么，该雇员也仍然有权得到合同终止补偿金。例如，在替代雇员情形下，雇主可以反复让同一个雇员替代多个雇员，订立多个固定期限劳动合同，当然，每个固定期限劳动合同都必须是合法的，那么，在每一个固定期限合同届满后，只要雇主没有为他提供无固定期限合同，他就有权得到固定期限合同终止补偿金；如果雇主在多个固定期限合同之后，最终与该雇员订立了无固定期限劳动合同，那么，只有最后一个固定期限合同的终止补偿金，才是雇主不需要支付的。①

合同终止补偿金不是所有固定期限合同的员工都能享有的，它不适用下列雇员（第1243－10条）：第一，不适用于季节工；第二，不适用于依据惯例订立固定期限合同的雇员；第三，不适用于利用假期实习的年轻人；第四，不适用于由于雇员严重过错而解除合同的情形；第五，不适用由雇员单方提出解除合同的情形；第六，不适用合同因为不可抗力而解除的情形；第七，不适用于雇员拒绝接受来自雇主提出订立一份无固定期限劳动合同的建议，该建议针对的是在同一或者类似岗位、并且享有同等劳动报酬条件的岗位上。

在以上法律列举的情形下，雇主没有义务支付固定期限合同终止补偿金。其中有些情形的规定很容易让人感觉到歧视因素，例如，对于同样订立固定期限劳动合同的季节工、按照惯例而订立固定期限合同的雇员，都没有权利享受合同终止补偿金，而因为其他理由而订立固定期限合同的雇员则有权获得这项补偿金，这其中显然存在着歧视，这是广受批评的一条法律规定。②

2. 固定期限劳动合同终止补偿金的计算和发放

合同终止补偿金的计算和发放，由法律专门规定（第1243－18条）。它是根据合同的期限和雇员的劳动报酬来计算的，相当于雇员合同期内全部毛收入的10%，集体合同或者集体协议可以规定比这一比例更高的计算比例；也可以规定较低的比例，同时向失去工作的雇员提供职业培训。

---

① 最高法院社会庭1992年2月5日的判决，《社会法判例杂志》（RJS），1992年第256号。

② Jean Pélissier，Alain Supiot，Antoine Jeammaud著：《劳动法》，达鲁兹出版社Dollez，2008年，第24版，第438页。

法律明确规定，合同终止补偿金的性质是补充工资的性质（第 1243－8 条），其发放等要遵守关于工资的规定，一般和最后一次工资同时发放。

3. 固定期限劳动合同终止补偿金的性质

我们虽然还没有看到法国学者对这一补偿金性质的专门论述，但是，从以上法律的规定就可以看出，合同终止补偿金具有补偿失去工作的含义，含有补偿临时就业的因素，具有暂时帮助劳动者维持生活的作用。因为，法律规定它具有补充工资的性质，而且，只要固定期限合同届满后接下来订立了无固定期限劳动合同的，雇员就不享受这项合同终止补偿金。所以，有的学者称之为工作不稳定补偿金（indemnité de précarité d'emploi）。

支付定期合同终止补偿金是国外较为普遍的做法。整个理论基础是建立在定期劳动合同是例外的、临时性合同，而不定期劳动合同才是正常形态下的合同形式。我国 2007 年通过的《劳动合同法》第一次规定了固定期限劳动合同终止补偿金，这是对国外这类惯例做法的一种采纳。

第五节　雇主违反固定期限劳动合同规范的法律责任

雇主违反法律关于固定期限劳动合同规定的法律责任有两种形式：一是民事责任；二是刑事责任。

一、民事责任形式——劳动合同的重新界定

这里，把劳动合同的重新界定（requalification）视为让雇主承担民事责任的形式，完全是笔者的归纳，笔者没有看到法国学者对“重新界定”的惩罚形式冠以民事责任形式的写法，他们很少去进行定性、归类。

1. 合同有效，仅仅重新界定期限

法律规定对于雇主违法订立固定期限劳动合同的常用的处罚措施就是对合同进行重新界定。F. Gaudu 教授认为，劳动合同的重新界定做法，是以 20 世纪 70 年代先由司法判例形成、后被法律所确认的劳动合同法的基本理论为基础：定期劳动合同是例外形式的合同，只能在特定条件下才能订立；如果这些特定条件没有得到满足，合同自然就应重新回到常态之下，成为无固定期限的劳动合同。①

---

① François Gaudu 著《劳动法》（Droit du travail），达鲁兹出版社（Dalloz），2009 年，第 90 页。

另外，即使订立固定期限合同的法定条件没有得到满足，也不能全盘否定合同整体的效力，因为：第一，合同确认了带有从属性特征的劳动关系的事实，而在这一关系中劳动的人应得到相应的待遇；第二，如果否定整个合同的效力，将使雇员受到惩罚，而不能惩罚雇主。因此，法律并不宣布该劳动合同无效，而是重新确定合同为无固定期限劳动合同，就相当于法律只认定该合同关于期限的条款无效，属于部分无效。我们认为，这样处罚雇主违法使用固定期限劳动合同的行为，才是对劳动者利益的真正保护。

2. 劳动合同重新界定的具体情形

总结《劳动法典》法律卷的规定，“重新界定”至少发生在以下情形之下：

第一，违反形式要件时，即固定期限劳动合同没有订立书面形式时，劳动合同就被重新界定为无固定期限劳动合同。

第二，违反实质要件时，即违反关于固定期限劳动合同订立适用的法定情形时，劳动合同就被重新界定为无固定期限的劳动合同。

第三，违反关于必备条款的规定时，即合同中没有详细说明订立固定期限劳动合同的理由、没有关于工资、岗位等重要条款时，劳动合同就被重新界定为无固定期限的劳动合同。

第四，违反关于固定期限劳动合同的最长期限规定时，劳动合同被重新界定为无固定期限的劳动合同。

第五，违反关于固定期限劳动合同连续订立“等待期”的，劳动合同被重新界定为无固定期限的劳动合同。

第六，违反关于固定期限合同续订要求的，劳动合同被重新界定为无固定期限的劳动合同。

二、刑事责任形式——罚金和监禁

雇主违反法律关于固定期限劳动合同的规定，要承担刑法责任。《劳动法典》法律卷第一部分关于劳动合同中用专章规定了刑法责任。具体如下：

1. 违反法律卷第 1242 -1 条的规定：“固定期限劳动合同，不论其订立的理由如何，都不得以持续性地获得与企业正常的、经常性活动相联系的岗位为目标，也不得具有这样的效果。”对于该条的违反，处以 3750 欧元罚金，累犯者，处以 7500 欧元罚金和 6 个月的监禁（法律卷第 1248 -1 条）。

2. 违反第 1242 -2 条第 1 款关于订立固定期限劳动合同的适用条件的，处以 3750 欧元罚金，累犯者，处以 7500 欧元罚金和 6 个月的监禁（法律卷第

1248 –2 条）。

3. 违反第 1242 –5 条和第 1242 –6 条关于禁止适用固定期限劳动合同的两种情形的，处以 3750 欧元罚金，累犯者，处以 7500 欧元罚金和 6 个月的监禁（法律卷第 1248 –3 条）。

4. 违反第 1242 –7 条关于固定期限劳动合同应当明确期限的规定，处以 3750 欧元罚金，累犯者，处以 7500 欧元罚金和 6 个月的监禁（法律卷第 1248 –4条）。

5. 违反第 1242 –8 条关于固定期限劳动合同的最长期限规定的，处以 3750 欧元罚金，累犯者，处以 7500 欧元罚金和 6 个月的监禁（法律卷第 1248 –5条）。

6. 违反第 1242 –12 条第 1 款关于书面订立固定期限合同和说明订立理由的，处以 3750 欧元罚金，累犯者，处以 7500 欧元罚金和 6 个月的监禁（法律卷第 1248 –6 条）。

7. 违反第 1242 –13 条关于在招聘后的两个工作日内交付雇员书面劳动合同的，处以 3750 欧元罚金，累犯者，处以 7500 欧元罚金和 6 个月的监禁（法律卷第 1248 –7 条）。

8. 违反第 1242 –15 条而支付给固定期限劳动合同雇员的工资低于企业同岗位上的无固定期限劳动合同雇员的，处以 3750 欧元罚金，累犯者，处以 7500 欧元罚金和 6 个月的监禁（法律卷第 1248 –8 条）。

第六章

临时工作下的劳动合同（劳务派遣）

法国劳动法上所称的“临时工作（travail temporaire）”有特定含义，对应着我国的劳务派遣。临时工作下的劳动合同，即我国劳务派遣下的劳动合同。《劳动法典》法律篇第1251－1条规定：“采取临时工作的目的，在于由临时工作企业为了该企业客户的利益，把劳动者派遣到该客户那里履行一定的任务。”这里的“临时工作企业（entreprise de travail temporaire）”就是派遣企业，该企业的客户就是受派企业（即用工企业）我国《劳动合同法》关于劳务派定的规定还有很多不足，法国劳动法上关于劳动派遣的规范值得我们思考。

第一节　对赢利性劳动力派遣的严厉态度

产生于英美的劳动力派遣①这种临时工作形式在20世纪60、70年代开始进入法国，此时的法国经济强调企业的竞争力和经济灵活性，于是，大量企业使用派遣的劳动力。当时没有具体的法律规范调整劳动力派遣行为，只有1848年3月2日的一项法规明确禁止贩卖劳动力。实际上，在利益的驱动下，劳动力派遣行为如果得不到规范，就可能走上贩卖劳动力的歧途。因此，1972年1月3日关于临时工作的一项法律明确限定了从事劳动力派遣活动的企业种类（1982年修订）。1973年7月6日的一项法律规定了转包工罪及刑罚。劳动法学界认为，非法的劳动力派遣不仅直接侵犯了相关雇员的利益，而且也是对公共利益的破坏，是对人权的蔑视。法国对劳动力派遣行为进行严格规范，目

① 对于这一概念，作者倾向于采用“劳动力派遣”而非“劳务派遣”。“劳务派遣”的称谓实际上很不合适，但是，在实践中，已经被叫得习惯了。在我国《劳动合同法》制定过程中，曾有很多学者反对使用“劳务派遣”，建议采用“劳动派遣”或者“劳动力派遣”。

的是为了规范劳动力市场，减少企业使用具有三方性关系的派遣劳动力，督促企业建立正常的双方性的劳动关系。有著名学者明确提出，劳动力派遣的增多只能给劳动法带来破坏。①

法国法对劳动力派遣行为的严厉态度，体现在明确禁止盈利性的劳动力派遣。什么是“盈利性的”？对此，学界有两种解释：一是认为交易活动是有偿的时候，就是盈利性的；二是交易活动的进行是为了追求利益时，就是盈利性的。因此，主流教材认为第二种意义才是“盈利性的”所指。②

一、刑法打击盈利性的劳动力派遣

《劳动法典》法律卷有两个条款用直接规定刑事犯罪的方式，禁止进行盈利性的劳动力提供（la fourniture de main-d’oeuvre à but lucratif）。

1. 转包工罪（marchandage）

“禁止任何以营利为目的、事实上造成对雇员利益的损害或规避法律、法规、集体合同或集体协议的提供劳动力的行为或转包劳动力的交易行为。”（第 8231 -1 条）据此，不论提供劳动力的形式如何，只要这种有偿提供劳动力的行为在事实上造成对劳动者利益的损害就构成转包工罪，转包工合同无效，对于转包工罪，处以 3 万欧元罚金和 2 年监禁（第 8234 -1 条）。在判断非法劳动力派遣对劳动者造成的损害方面，是以受派企业录用的雇员的劳动待遇为参照。受派劳动者的劳动待遇低于他们的待遇时就证明有损害存在。例如，最高法院社会庭在一个判决中指出：企业 Samaritaine 没有按照行业最低工资的规定支付被派遣的员工，使得他们被剥夺了受派企业雇员能够享受的权利和利益，因而，受派企业的行为就构成转包工罪 。

2. 非法出借劳动力罪（prêt illicite de main-d’oeuvre）

“专门以营利为目的的一切出借劳动力的活动，凡不在本法典关于临时工作和体育法典法律卷第 222 -3 条规定的范围内进行，均予禁止。”（第 8241 -1 条）这一规定有两个实质目的：一是要求专门从事劳动力派遣的企业必须符合法定条件才能从事派遣活动；二是提出了派遣企业从事派遣活动的专一性和单一性要求，这就为区分劳动力派遣行为与其他类似行为提供了重要线索。对

---

① Antoine Lgon-Caen，Jeande Maillard：《人员派遣》（La mise adisposition de personnel），载《社会法》（droit social），1981 年第 4 期，第 320 页。

② Jean Pélissier，Alain Supiot，Antoine Jeammaud 著：《劳动法》，达鲁兹出版社 Dollez，2008 年，第 24 版，第 408 -409 页。

于非法出借劳动力罪，处以 3 万欧元罚金和 2 年监禁（第 8243－1 条）。

二、非盈利性的劳务派遣合法

非盈利性的劳务派遣虽是法律允许的，但是，其运作也要符合法律规定。非盈利性的劳务派遣通常以雇主集团（groupement d'employeurs）向其成员派遣员工的形式存在。

1. 雇主集团组建和种类

在鼓励就业的政策引导下，非盈利性的劳务派遣从 1985 年得到发展。1985 年 7 月 25 日的法律允许雇主联合起来组成一个团体来招聘劳动者，招聘后，再把他们派遣到团体中的成员雇主那里被雇佣。这样的组团招聘，可以减少中小企业单独招聘面临的种种困难和负担。法律规定了组团招聘的特别规则。

从构成看，有三种形式的雇主集团。

第一种形式的雇主集团，是指由同受一个集体合同覆盖的雇主组成的。由于法国行业集体合同较为发达，所以，这类雇主集团的成员基本上是同一行业内的雇主。《劳动法典》法律卷第 1253－1 条规定："属于同一集体合同适用范围内的企业可以组成雇主集团，目的在于将与该雇主集团订立劳动合同的雇员交给集团成员来雇佣。"由于集团内的雇主都适用同一个集体合同，所以，在雇佣条件方面存在许多共性，便于进行一体化的招聘。

第二种形式的雇主集团，是指由不在同一个集体合同适用范围内的雇主组成的，通常是由跨行业的雇主组成的。由于各雇主都有各自适用的集体合同，这时要决定对于雇主集团适用哪一个集体合同，如果不能决定适用的集体合同，则不能组成集团，而且这类雇主集团还必须得到国家行政部门认可后，才可以开展活动（第 1253－17 条）。

第三种形式是私法上的雇主与公法上的地方集体、公共部门共同组成雇主集团进行招聘，然后再把雇员派遣到具体的岗位上劳动。这类形式的出现是为了结合社区公共服务的需求和某些非全日制工的生活需求而创设的。在这类雇主集团中，地方集体及其公共部门不得超过成员总数的一半。雇主集团招聘来雇员，直接派遣到地方集体所属的公共部门工作，岗位都是公共服务性质的，涉及工商管理、环保和社区公共领域的维护、保养等工作任务。这类雇主集团可以享受相关的税收优惠。法律明确要求，这些公共服务性质的劳动不得成为该派遣雇员的主要职业活动；而且，他们在这些劳动上所花费的时间必须低于半个工作日（第 1253－20 条）。对这类雇主集团适用的集体合同的确定方法

由行政法规单独规定。

2. 加入雇主集团的条件

由于这类组团招聘目的在于使中小企业受益，所以对于企业规模也有限制。开始允许时，只有300人以下的企业才可以如此组团来招聘员工，2000年1月19日的法律放松了这方面的条件：300人以上的企业，如果订立了企业集体协议保障团体招聘的员工的利益，就可以和别的雇主一起组团来招聘（第1253－5条）。雇主集团组成后，必须在成立后的第一个月通知当地的劳动监察部门，并提供以下信息（条例卷第1253－1条）：雇主集团的名称、地址、性质；集团负责人的姓名和住址；集团成员名单；集团成员的名称、地址和经营活动；集团成员雇佣员工人数；集体合同的名称。一个雇主加入到某一雇主集团后，还应当将这一信息告知其内部的雇员代表机构。

有雇主组织起来的雇主集团可以依法采取协会的形式或者合作社的法律形式存在（第1253－2条）。一个自然人或者法人作为雇主只能参加两个雇主集团（第1253－4条）。

3. 雇主集团形式下的劳务派遣关系

多个雇主组成雇主集团进行统一招聘，这样雇主集团就成为派遣方，雇主集团与劳动者订立劳动合同，接受派遣的企业就是该集团内部的成员，如此，在雇主集团、雇员和集团成员之间形成一种劳务派遣关系。法律要求这类劳务派遣必须是非盈利性的，即雇主集团的招聘行为和派遣行为都不能是为了获得利益。

在这类非盈利性的劳务派遣关系中，雇主集团和招聘雇员订立劳动合同，劳动合同必须采取书面形式，应当载明下列事项：工作条件、劳动报酬、岗位/职务、接受派遣的企业清单（即雇主集团的成员）、劳动的履行地点（法律卷第1253－9条）。显然，雇主集团是被派遣的劳动者的雇主，承担除了劳动条件以外的所有雇主责任。

作为雇主集团成员的雇主接受由集团派遣来的劳动者，属于受派方（要派方），要承担劳动条件方面的责任，具体包括涉及下列因素的内容：工时、夜间劳动、周休息和节日、劳动安全卫生、妇女未成年人劳动保护。此外，接受派遣工的雇主要承担雇主集团招聘时花费的费用。

立法者规定了一条非常关键的规则：雇主集团中的雇主成员之间对于雇员的工资和社会保险缴费的债务全部向雇员和社保机构承担连带责任（法律卷第1253－8条）。

被派遣的劳动者有权平等地享受与受派雇主的雇员享受的交通、餐饮方面的福利设施。另外，即使没有明确授权，只要是被派遣劳动者不反对的情况下，雇主集团的工会或者受派雇主内的工会都有权代理他们进行法律诉讼，维护其合法权益（法律卷第 1253 -16 条）。

如果母公司要派员工到国外的子公司去，而且该员工的派遣同时伴随着其又被国外子公司招聘时，法国劳动法对此规定了特殊的规则：如果该员工被子公司解雇，那么母公司应当将其召回并重新安排工作（法律卷第 1231 -5 条）。

第二节 对盈利性劳动力派遣的严格规范

原则上，盈利性的劳动力派遣是被禁止的。但是，由于客观上存在着一定的社会需求，所以，原则之外也有例外，只是法律对这类例外形式的盈利性派遣也采取了严格的态度。盈利性的劳动力派遣必须在“临时工作的企业”（entreprise de travail temporaire）形式下进行，在此之外进行的盈利性劳动力派遣活动都构成《劳动法典》法律卷第 8241 -1 条的非法出借劳动力罪。即如果一个企业不属于“临时工作的企业”，其从事劳动力派遣就不得盈利。

一、法律对“（提供）临时工作的企业”——派遣企业的规范

《劳动法典》对于派遣企业，法国法称为“（提供）临时工作的企业”规定了多项严格要求。

1. 业务的专一性要求

《劳动法典》关于临时工作的企业（即派遣企业）的定义就表明了这类企业的特殊性和劳动力派遣的临时性。该法典法律卷第 1251 -1 条明确规定：“凡专门从事按照用工方约定的资格招聘雇员、支付其劳动报酬、并将其交给用工方临时雇佣的自然人或法人，均为临时工作承包人”。这一定义要求劳动力派遣企业经营活动的专一性，必须是以有偿提供劳动力为唯一业务的自然人或法人。法律强调派遣劳动力业务的专一性，是为了要求企业不得再从事其他辅助性的工业或商业活动，防止企业将同一个/批雇员轮换用于派遣和用于履行其他服务合同，从而杜绝企业滥用权力或逃避法律。①

① François Gaudu 著《劳动法》(Droit du travail)，达鲁兹出版社（Dalloz），2007 年，第 81 页。

2. 特别行政许可和监督制度

除了业务专一性的要求外，法律对劳动力派遣企业还实行特别许可和监督制度。首先劳动力派遣企业必须依法向劳动监察官提出申请，只有在劳动监察官返回该申请意见或在劳动监察官收到申请后的 15 天后（表示无异议），同时依法提供了经济保障金后，企业才能开展派遣活动（法律卷第 1251 - 45 条和条例卷第 1251 - 6 条）。在申报的材料中应当注明企业法定代表人和注册地等基本情况、企业为雇员缴纳社会保险费的社会保险机构的名称、企业派遣劳动力的地理和职业范围、企业雇佣长期员工的数量（条例卷第 1251 - 4 条）。

3. 必须提供经济保障

由于受派雇员的工资和社会保险是由派遣企业发放和缴纳的，法律要求派遣企业必须从经济上保障雇员的工资支付和社会保险缴费。该经济保障体现为派遣企业向特定机构交纳法定费用后，由该机构为派遣企业提供担保承诺，保证承担规定法定项目下的金额的支付。法律规定：经济保障只能来自互助性担保公司、集体性担保机构、保险公司、银行或者其他有担保资质的机构提供的担保承诺（engagement de caution）（法律卷第 1251 - 50 条）。担保承诺必须以书面合同形式，载明担保的条件、担保的数额，以及担保机构对派遣企业财务监督的方法。该担保承诺书还必须在相关的劳动监察官、社会保障监督机构留存，以便这些机构的监督检查。为了保障雇员能够及时维权，劳动合同和派遣协议中也必须标明担保机构的名称和地址（条例卷第 1251 - 15 条）。

这一经济保障和担保承诺应当是持续的，不仅企业在申请许可时要证明已经交纳了一定的经济保障金而获得特定机构的担保保证，而且，企业每年都必须交纳这样一笔保障金，从特定担保机构那里得到担保承诺。派遣企业每年交纳的经济保障金的数额，是根据营业额计算的，法律规定该数额不得低于税前营业额的 8%，也不得低于政府每年公布的最低数额（条例卷第 1251 - 12 条）。最低经济保障金数额由政府根据平均工资进行年度调整。例如，2003 年最低经济保障金为 91 784 欧元，2008 年该数额提高为 104 353 欧元。

经济保障金的目的和用途很明确。法律卷第 1251 - 49 条明确规定："临时工作的企业必须在任何时候证明其具备了以应对企业处于困难境地时支付下列费用的经济保障：①工资；②本章所规定的津贴；③各项社会保险缴费；④根据《社会保障法典》法律卷第 244 - 8 条规定，雇主向社会保障机构偿还该机构垫付的相关费用。"法律要求这一经济保障金不得用于派遣企业长期员工（非派遣员工）的工资和社会保险支出。

根据法律规定，当派遣企业出现下列情形之一时，即被认为是“处于困难境地”（défaillance）：①经过雇员或者社会保障机构要求支付工资或者缴纳社保费用的催告 15 天后，企业仍然未能全部支付或者部分支付法律卷第 1251－49条规定的债务的。该催告要采用带有签署收到意见的挂号信形式。②企业处于破产整顿或者清理阶段，由破产清算人通知担保机构支付相关费用（条例卷第 1250－20 条）。担保机构应当在收到催告/通知支付的十天内支付相应款项。如果担保机构对催告或者通知支付的款项有争议，权利人就可以直接向法院提起诉讼。如果要求支付的数额超过担保数额，则担保机构就根据债权的性质，同类债权之间进行均分。

在派遣企业不能支付工资和社会保障费用，担保机构的担保数额也不足以用于上述费用支付时，法律规定受派企业即用工企业对于不能支付的部分负有责任，但是，受派企业即用工企业只是对应在受派企业完成任务阶段的相关费用负有责任（法律卷第 1251－52 条）。

从上述规定可知，法国法对于被派遣雇员合法权益至少提供了双重的保障——特定机构的担保保障和受派企业的替代责任。

最后，法律还设有一道劳动监察的防线。如果劳动监察官发现派遣企业没有缴纳经济保障金，没有获得担保机构的保障，他先要催告企业完成法律要求的程序，在企业拒绝履时，他必须申请民事大审法庭，法庭庭长有权发出关闭派遣企业的命令，但是，关闭期限最长不得超过 2 个月（法律卷第 251－47 条）。

二、法律对劳动力派遣适用范围的限制

1. 对于适用岗位的限制

根据《劳动法典》法律卷第 1251－6 条，劳动力派遣行为只能适用于临时性工作岗位，在长期性、持续性的工作岗位上禁止使用派遣的劳动力。

该条列举了劳动力派遣适用的临时性工作岗位，这与固定期限劳动合同适用的岗位相同：①替代性岗位：雇员缺勤的、由全日制工临时转为非全日制工的阶段、劳动合同发生中止的（例如劳动者享受各种休假时）、等待订立了无固定期限劳动合同的雇员入职的阶段；②企业经营活动临时增加而产生的岗位；③具有季节性特点的工作，或者根据法令、集体合同的规定，习惯上不订立无固定期限劳动合同的工作。

由于被派遣雇员在受派企业的劳动是完成一项具体的、临时的任务，所以，派遣企业与被派遣雇员订立的劳动合同又称为“任务合同”（contrat de

mission）。法律特别规定：“任务合同不得以永久取得与受派企业正常的、持续性的经营活动相联系的工作为目的，也不得产生此种效果。”（法律卷第1251－5条）

2. 禁止适用的其他情形

除了对于岗位的限制外，法律还有以下禁止使用派遣劳动力的规定：一是，企业在经济性裁员之后的六个月内，禁止以经营活动临时增加为理由使用派遣的劳动力；这一禁止针对裁员涉及到的岗位。二是，禁止使用派遣劳动力来代替因集体冲突发生而中止劳动合同的雇员（如罢工人员）。三是，禁止在条例规定的特别危险的岗位上使用派遣的劳动力。

3. 对于派遣期限的限制

为了防止用工企业无限期地使用派遣员工，法律对于派遣员工，法律对于派遣期限也有明确的要求。派遣企业和受派遣企业（用工企业）要明确派遣的具体期限。法律规定派遣期限一般最长不超过18个月，此外，还有9个月和24个月的最长期限，与法律对固定期限劳动合同的期限要求相同。（见第42页）

4. 违反规定的法律责任

法律通过规定严厉的惩罚措施迫使接受派遣企业严格遵守上述规定。如有违反，企业不仅要承担刑事制裁，即3750欧元罚金，如果是累犯，处以7500欧元罚金和6个月监禁，而且还要承担民事责任，即劳动合同将得到重新认定，雇员与接受派遣企业的关系将被认定为劳动合同关系，并且是无固定期限的劳动合同。

法国法对劳动力派遣适用作如此严格的限制，目的是为了减少企业通过使用派遣的劳动力来规避劳动法、侵犯劳动者合法权益的现象，从而维护正常的劳动关系和劳动法的调整作用。

第三节　劳动力派遣中三方主体之间的法律关系

法国劳动法关于劳动力派遣下三方主体的关系，即提供临时工作的企业和它的客户企业（受派企业）、和招聘并派遣出去的雇员之间的关系，规定得更加清楚，要求更加严格。

一、派遣企业和受派企业之间的合同关系

法律要求派遣企业和受派企业之间要针对每个被派遣的雇员订立一份派遣协议（contrat de mise à disposition），而且，最迟要在雇员被派遣到受派企业后

的两个工作日内订立，被派遣的雇员有权持有一份。（法律卷第 1251 -42 条）该合同必须明确：受派企业使用派遣的具体原因（例如替代缺勤或合同中止的雇员的姓名和职位）、派遣的期限、岗位及其特征、劳动条件的提供、工作时间、地点、在相同岗位上具有同等职务的受派企业雇员的劳动报酬及其组成。（法律卷第 1251 -43 条）关于明示相关劳动报酬的要求，法律规定了严格的罚则：受派企业如果没有明确这一内容，要承担 3750 欧元的罚金，累犯情况下，罚金 7500 欧元和 6 个月监禁。（法律卷第 1254 -10）

关于派遣企业对受派企业的法律责任，最高法院社会庭的判例认为，只有在派遣企业派出的雇员不具备受派企业要求的岗位条件时，法官才要求他承担责任。即派遣企业不负有结果上的义务（obligation de résultat），只负有手段上的义务（obligation de moyen），只有当他对被派遣雇员的能力和技能没有尽到必要的考察时才算有过错，例如，派出的会计师以前存在过挪用公款的犯罪纪录，在受派单位又出现盗用支票的行为时，派遣企业就应对此负有过错责任。如果被派遣的雇员造成对第三人的损害，通常先由受派企业承担赔偿责任，然后他再要求派遣企业赔偿其损失，当然，派遣企业承担责任的前提条件还是他没有按照要求派遣合格的劳动者。

二、派遣企业和被派遣雇员之间的劳动合同关系

派遣企业和受派员工之间要订立以完成一定工作为内容的劳动合同（任务合同）。该合同是定期合同，合同最初期限和一次续订期限一般最长为 6 个月，在紧急工程和等待某些员工上岗的情况下可以是 9 个月，如果工作任务在国外，最长期限为 24 个月。这些要求和对固定期限劳动合同的规定相同。该劳动合同也必须书面订立，最迟在劳动者到受派企业工作的两天内订立。合同的内容必须包括：派遣企业和受派企业之间订立的派遣协议的事项、职位、工资和就业不稳定补偿金的支付方式、是否有试用期、工作任务完成后雇员被受派企业录用为正式员工不违法的明示条款。

由于派遣企业是被派遣雇员的雇主，所以他要承担劳动法上除了安全卫生之外的所有的雇主责任。

如果没有不可抗力和劳动者严重个人过错，派遣企业不得提前解除与受派雇员的劳动合同关系，否则，派遣企业要在三天以内向该雇员建议一份新的任务合同，或者支付该雇员合同到期日的所有劳动报酬。当然，受派雇员提前解除合同关系通常也要承担赔偿损失的责任，只有在证明自己将被另一个企业录用为无规定期限的劳动合同员工时，才不承担提前解除造成的损失。

法律规定被派遣雇员在工资和其他待遇上享有与受派企业员工平等的权利，并且他们有权通过受派企业或派遣企业的工会维护合法权益。此外他们还享有合同终止补偿金、就业不稳定补偿金和带薪休假补偿金，这些待遇都由派遣企业支付。

三、受派企业和被派遣雇员之间的关系

如果上述派遣企业和受派企业之间、派遣企业和被派遣雇员之间的合同得到严格遵守，受派企业与被派遣雇员在履行任务合同期间的关系就非常简单，但受派企业与被派遣雇员不存在法律上的关系，法律不要求两者之间订立严格意义上的合同，但是，双方之间事实上存在着一定的权利义务关系。① 从法律上看，受派企业对被派遣雇员拥有劳动过程中的管理权，有权对其劳动提出要求，雇员则有义务遵守。同时受派企业也对雇员负有一些义务，如提供法定劳动条件的义务、让他们享受有关集体福利设施的义务（班车、餐厅就餐等）。如果发生工伤事故，受派企业就有可能要承担刑事责任。

总之，在对雇员的法律责任方面，派遣企业作为雇主承担劳动安全卫生以外的所有责任，受派企业负责劳动履行的条件，必要时，还要承担特别的医护监督。民事责任方面，受派企业在担保机构的担保数额不足时，要替代派遣企业承担应负的工资、社会保险缴费。另外，由于被派遣雇员的劳动是在受派企业的指挥监督下完成的，所以，如果被派遣雇员在劳动中对第三人造成伤害，则由受派企业对外承担民事责任。

四、派遣关系结束后，被派遣雇员的去向

任务合同到期后，受派企业可以录用被派遣雇员为自己的员工。法律卷第1251－44条明确规定：“任何禁止受派企业在任务完成后录用被派遣雇员的条款都无效。”如果被派遣雇员被受派企业录用，其在受派企业的工龄从录用前的三个月（即完成任务的后三个月）开始起算；并且，如果企业规定了试用期，这三个月期间可以算作试用期的一部分。（法律卷第1251－38条）如果受派企业在派遣协议到期后继续使用被派遣雇员而不与之订立劳动合同，或者没有再订立新的派遣协议，那么它们之间的关系就被认定为无固定期限的劳动合同关系。（法律卷第1251－38条）

① Jean Pelissier，Alain Supiot，Antoine Jeammaud，Gilles Auzero 著：《劳动法》（droitdu travail），达鲁兹出版社（Dalloz）2008年，第24版，第473页。

第七章

非全日制下的劳动合同

非全日制工的劳动合同也是属于例外的劳动合同，法国劳动法对此也有特别的规定，以便保护非全日制工的合法权益。

第一节　非全日制工定义的演变

一、立法概况

非全日制工是指工作时间短于法定工作时间或者集体合同确定的工作时间的雇员。很显然，非全日制工无论对于企业来说还是对于劳动者来说，都是很灵活实用的。企业可以提高生产效率、改善缺席率，从而更有效地利用其物质设备等资源；劳动者可以把工作和学习或家务结合起来，更好地平衡自己的生活。从20世纪70年代开始，法国在立法上采取鼓励非全日制工的发展的思路，经历了1973年12月27日法律、1981年1月28日法律、1982年3月26日条例、1986年8月11日条例、1991年1月3日法律、1992年12月31日法律到1993年12月20日法律的立法过程，建立了一类非全日制工劳动合同的特殊规则。但是，从1998年开始，立法对其进行限制，目的在于制止雇主滥用权力，保护劳动者的合法权益。1998年6月13日和2000年1月19日的法律都是这样的出发点，例如限制在一个工作日内的中断、规定加班时间的计算和工作时间变更的新方法，等等。

1997年6月6日欧盟层面的雇主和雇员协会订立了一个关于非全日制工的框架协议，目的在于建立非全日制工和全日制工的平等待遇。该协议构成欧盟1997年12月15日（97/81/CE）的一个条例的内容，该条例要求欧盟各成员国在2000年1月20日之前应当通过其国内立法落实欧盟的要求。

二、非全日制工定义及其演变

全日制工（salarié à temps plein）是相对于非全日制工（salarié à temps

partiel）而言的。关于非全日制工的定义，1992 年和 1993 年的法律规定得很复杂，法律分别对"部分工时"（horaire à temps partiel）和"部分工时制工"（salarié à temps partiel）进行了区分：工作时间至少低于法定每周工时五分之一的工时称为部分工时；其月工作时间（或者年工作时间）至少低于法定的或者集体合同规定的月工时（或者年工作时间）的五分之一的劳动者称为部分工时制工。据此，在当时实行每周法定工时 40 小时的情况下，只有每周工作时间少于 32 小时的工时才被认为属于部分工时，而在 32 小时至 39 小时之间的工时则不属于部分工时；而根据当时法律的要求，雇主实行部分工时制必须得到企业委员会的同意。如此一来，雇主实行 32 - 39 小时的工时制就不需得到企业委员会的同意。因此，法律就在短于 32 小时的工时和 32 - 39 小时工时上人为地制造出不合理的差别。

为了落实欧盟 1997 年条例的要求，法国于 2000 年 1 月 19 日实行新的非全日制。法律对非全日制工提出了新的定义："其工作时间短于法定工作时间，或者短于行业/企业集体合同确定的工作时间，或者短于企业实际工作时间的劳动者都被认为是非全日制工。"（《劳动法典》法律篇第 3123 - 1 条）这一定义摒弃了过去复杂的区分，将非全日制工的概念大大简化了——只要是工作时间短于法定工时、集体合同工时、企业实际工时的，不论短多少，也不论以周工时、年工时为标准，都属于非全日制工。从 2002 年以来，法国全面实行 35 小时工作周，只要周工时短于法定每周 35 小时的、或者月工时短于法定月工时的、或者年工时短于法定的年工时的劳动者都是非全日制工。

第二节　非全日制工劳动合同的订立和内容

法律和司法判例对于非全日制工劳动合同的订立形式和内容都提出了特别规范。

一、订立形式的要求

《劳动法典》规定：非全日制工的劳动合同必须书面订立（法律篇第 3123 - 14 条）。但是，书面形式不是该类劳动合同效力的构成要件；如果没有书面订立，劳动合同就被推定为全日制的劳动合同。

学者们特别指出，这里的推定不同于无书面形式的固定期限劳动合同推定为无固定期限的劳动合同，这里的推定仅仅是简单的推定（présomption simple)，是可以用证据推翻的，而无书面形式的固定期限劳动合同推定为无固定期限的劳动合同下的推定是不可推翻的推定（présomption irréfragable）。司法实践中，在没有书面合同的情形下，如果雇主坚持认为是非全日制劳动合同，就负有举证的责任，不仅证明双方一致商定了工时，证明这些工时在每周或者每月的分布安排，还必须证明雇员已经事先知道每天或者每周的工时安排。有数起案例，雇主成功举证而获得法官对非全日制劳动合同的认定。①

有学者分析，为何法官在对待缺乏书面形式的固定期限劳动合同和缺乏书面形式的非全日制劳动合同的问题上采取不同的态度，对于前者态度严厉，而对于后者则宽松，原因在于为雇主着想：因为如果把没有书面形式的非全日制劳动合同一律界定为全日制劳动合同，则雇主的负担要更加沉重，雇员工资的计算就要按照全日制的工作计算，又因为工资的诉讼时效为五年，如此一来，雇主的负担就相当沉重。②

二、合同内容的特别要求

1. 必备条款

第3123－14条还要求书面劳动合同必须载明下列事项：雇员职务、劳动报酬的组成、周工时或者月工时、每天工时或者每周工时的具体时数、工时变更的情形和变更的性质、书面告知雇员在每个工作日内的实际工作时间的方法，以及超时工作的限制。

最高法院的司法判例明确指出，该类合同不得订立“劳动关系专一性条款”，即不得订立要求雇员专职为该雇主工作的单一劳动关系条款，否则，该条款无效；无效的后果，不是把该合同界定为全日制劳动合同，而是由雇主承担向雇员支付赔偿损失的责任；只有出于保护企业的合法权益和由于工作岗位性质的要求时才可以认定这类条款有效。③ 有案例表明，如果事实上雇主把非全日制工的工作时间限定得非常死板，使得该雇员无法安排时间去干第二份工作时，这类合同就被认定为全日制劳动合同。④

---

① 最高法院社会庭1997年1月29日判决，载于《社会法》（杂志）1997年第311页；最高法院社会庭2004年9月29日判决，载于《民事判例第五卷》，2004年第232号；最高法院社会庭2007年9月27日判决，载于《社会法判例杂志》2007年第12期第1312号。

② Emmannuel Dockès著《劳动法》（Droit du travail），达鲁兹出版社（Dalloz），2008年，第247页。

③ 最高法院社会庭2004年2月25日的判决，载于《社会法判例杂志》2004年第5期第623号。

④ 最高法院社会庭2004年9月29日的判决，载于《民事判例第五卷》，2004年第232号；最高法院社会庭2007年9月27日判决，载于《社会法判例杂志》2007年第12期第1312号。

2. 对超时劳动的限制

称谓上，和全日制工的额外工作时间称为加班时间（heure supplémentaire）不同，非全日制工超过约定工时的时间称为补充工时（heure complémentaire）。实践中，雇主常常在非全日制工的劳动合同中规定雇主可以要求雇员超时劳动的条款。

为保护非全日制工的利益，法律从多个方面限制补充工时劳动：——补充工时劳动及其时数必须在劳动合同中明确规定，并且不得超过劳动合同规定工时的十分之一（《劳动法典》法律篇第3123－17条），但是行业或者企业集体合同可以延长补充工时的时数到不得超过合同规定工时的三分之一。对于超过合同规定工时十分之一以上时间的超过劳动，雇主要增发工资，增发比例是25%（第3123－19条）。即使算上补充工时劳动，雇主也不得使非全日制工的工时达到全日制工的工时，即非全日制工有权拒绝为雇主提供全日制劳动。——雇主如果要求非全日制雇员超过约定工时劳动，必须提前三天告知雇员，否则雇员可以拒绝，即使劳动合同中规定雇主可以要求雇员超过约定工时劳动的条款。雇员拒绝进行合同规定之外的超时劳动，不能构成解雇的合法理由（第3123－20条）。——超过约定工时劳动的延长可以改变雇主的义务，如果在15周的时间段内，雇员12周的平均工时至少超过了劳动合同规定工时的2小时，那么，这一实际工时就被认定为新的劳动合同工时，除非雇员本人有反对意见。

3. 工时的安排和调整

非全日制工的工时由双方协商约定，明确规定在合同中。法律对于工时的约定也有限制，目的在于促使雇主在连续的时段内雇佣雇员，防止雇主剥夺劳动者的全部工作日。《劳动法典》法律篇第3123－16条禁止一个工作日内的工时安排超过两个小时的、一次以上的间隔。例如，雇主和雇员约定每天工时为4小时，支付4小时的工资，具体安排如下：8－9点、12－13点、16－17点、20－21点，这样的约定就是违反了第3123－16条的规定，把劳动者的一个工作日全部占据了，使其无法有从事第二份工作的可能。但是，第3123－16条向劳动者提供的保障并不彻底，因为该条同时还允许集体合同对此进行变更。

任何工时在约定后的调整都应得到双方协商同意，除非合同中已经规定了工时变更的详细条款。该条款要明确变更工时的具体情形，如果仅仅是笼统地规定，例如约定“在工作需要时”、“客观环境要求时”，这类约定是无效的。法律不仅要明确调整工时的具体条件，还规定雇主至少提前7天告知工时的调整（第3123－21条），行业或企业集体合同可以规定为提前3天时间告知雇员。如果合同中没有规定工时变更的条款，雇员拒绝接受雇主变更工时的建议不能构成解雇的理由（第3123－24条第1款）；在合同中规定了工时调整的具体情形下，如果雇主提出调整工时，该调整与雇员不可推卸的家务处理、或者与上学、或者与另一份工作时间相冲突时，该雇员也有权拒绝接受这样的调整，该拒绝不得成为解雇的理由（第3123－24条第2款）。当然，在此后者情形下，雇员负有举证责任。

第三节　非全日制的实行

法律要求雇主在具体实行非全日制时，要保障非全日制工的正当权益。在实行非全日制的过程中，也会出现全日制工和非全日制工之间的转换，对此，法律也有规定。

一、非全日制工与全日制工的劳动待遇平等原则

非全日制工与全日制工享有相同的权利（法律卷第3123－11条）。在报酬、试用期、工龄福利等法定权利方面，非全日制工享有与全日制工相同的权利。在经济性裁员时，雇主不得多裁非全日制工，而少裁全日制工。集体合同可以规定据此享有的权利及其条件，但是不得把非全日制工排除在集体合同的适用之外。非全日制工同样享有选举权和被选举权，如果该雇员在多个企业工作，其选举权在其劳动的各个企业并行存在，但是，被选举权只能在一个他选择的企业中行使。

二、非全日制工与全日制工之间的转换

1. 由全日制工向非全日制工的调整

雇主可以向全日制工建议改为非全日制工，但是，雇员有权拒绝这种变更合同的建议。如果雇员同意，双方得就劳动合同进行变更的手续，如果雇员拒绝这种变更的建议，该拒绝不得作为雇主解雇的理由（法律卷第3123－4条）。通常在经济性裁员的情形下，雇主会向全日制的雇员提出改为非全日制工的建议，以避免裁员的结果，如果雇员不同意转换，此时，雇主就可以解雇该雇员，但不是因为他的拒绝，而是由于雇主具备经济性裁员的情形。

全日制的雇员如果由于家庭事务需要处理，也可以主动提出改为非全日制工。法律规定，雇员可以至少享受一周以内的缩短工时（法律卷第3123－7

条)，但是，最终的决定权还是属于雇主，他完全可以拒绝雇员提出的改为非全日制工的要求。只有当雇员家里有孩子出生或者收养孩子时，雇主才有义务接受雇员改变工时的要求（法律卷第1225－47条)。此外，法律还规定，全日制雇员提出改为非全日制工时，还享有优先获得同类岗位的权利（法律卷第3123－8条)。

2. 由非全日制工向全日制工的过渡

法律并没有赋予非全日制工直接向全日制工过渡的权利，而是规定了在空缺的全日制岗位上，非全日制工享有优先权，为此，雇主有义务向非全日制工提供与其岗位相当的、全日制岗位清单，便于其优先选择（第3123－8条)。最高法院社会庭的判例认为，雇主这样一项提供信息的义务必须是个人化的，即要向每个雇员个人提供，而不能仅仅在网络上公布而已。①当然，集体合同中可以规定非全日制工转化为全日制工的条款。

三、禁止适用非全日制工的岗位

从实质上看，非全日制的实行基本上完全取决于雇主的单方意愿。因为虽然行业的或者企业的集体合同可以规定实行非全日制；虽然雇主在征得企业委员会意见或者员工代表意见后才能实行非全日制；虽然法律规定在一定条件下，雇员可以提出进行非全日制工作，但是，雇主都没有义务必须服从这些规定或者要求。

当然，雇主单方决定实行非全日制的自由也有一定的限制。当某个岗位上的工时变化是需要月月变或者需要年年变时，即工时变化没有相对规律时，雇主不得单方决定实行非全日制工，而是必须要由行业或者企业集体合同的事先规定，实际上，按照法律要求，此时对于该岗位，应当招聘间歇工作制雇员，而不是非全日制工。

① 最高法院社会庭2005年4月20日的判决，载于《民事判例第五卷》，2005年第152号。

第八章

无固定期限劳动合同（CDI）的订立和内容

无固定期限劳动合同的法语缩写为CDI。法国劳动法把无固定期限劳动合同作为劳动合同的常态形式，基本上允许当事人有更多的意思自治，在其订立形式和订立内容上，不像固定期限劳动合同那样规定了严格的限制。但是，这并不意味着，雇主可以毫无约束地约定任何合同条款。

第一节　订立形式

《劳动法典》法律卷第1221－1条规定："劳动合同要遵守合同法基本原理，劳动合同采用双方当事人合意的形式订立。"这一要求比较笼统，结合其他条文的理解，可以知道这一规定只适用于无固定期限劳动合同的订立，因为固定期限劳动合同的订立，必须采用书面形式。

法律对于无固定期限劳动合同的订立，一般不要求书面形式，但是，对于少数合同，也要求有书面形式。

1. 对于无固定期限劳动合同，书面形式不是必需，但是，必须有提供其他劳动关系因素的书面文件。

法国《劳动法典》关于书面订立劳动合同的形式要求只针对固定期限劳动合同，而对于无固定期限劳动合同则没有要求必须采用书面形式订立。但是，欧盟法中有对于书面提供其他因素的要求。欧共体1991年10月14日的指令（directive）没有要求劳动合同的订立要采用书面形式，但是，规定了一项雇主书面提供劳动合同相关信息的义务，它要求成员国在1995年7月1日前要采取措施，使雇员拥有一项或多项关于劳动合同基本信息的书面文件。成员国落实这一指令的方法可以是多种多样的，例如，可以规定雇主要向雇员提供工资单，或者提供应聘信，或者提供载有工作地点、工作时间、劳动报酬、假期等事项之一的书面文件。由于法国劳动法已经规定雇主有提供工资单的义

务，所以，法国实施欧盟这一指令的方式就是雇主提供工资单，工资单上有关于劳动的基本信息，还包括适用的集体合同的名称。

2. 某些无固定期限劳动合同的订立必须采用书面形式。

某些无固定期限劳动合同的订立必须采用书面形式，如果没有采用书面形式，就导致劳动合同无效。例如，对于家庭劳动者的劳动合同，如果雇主没有向家庭劳动者提供关于劳动的具体条件和信息的书面文件，该雇主就要承担违法责任（法律卷第 7421 -1 条）。条例还具体规定了该书面文件应当包括的内容：雇主的姓名和地址，雇主为家庭劳动者缴纳社会保险费的社保机构和社保号码，雇主的工商登记号，工作的性质和质量要求、交付工作的日期、完成工作的时间、价格或者报酬的数额，交付材料的性质、价值和辅助性的费用，（必要时）交付工作的日期（条例卷第 7421 -1 条）。条例甚至对工作完成后交付时的书面文件的内容也作了详细规定：交付的日期、数量、已由劳动者垫付的额外费用、带薪休假津贴、必要时，法律规定雇主可以要求劳动者承担的辅助性费用、最终应当由雇主支付的费用，等等。这些每次发生的书面文件，应当由雇主至少保存 5 年，并随时供劳动监察员检查（法律卷第 7421 -2 条）。雇主没有提供规定的书面文件或者书面记录的信息不真实，要承担第三级违警罪的罚金（450 欧元）（《劳动法典》条例卷第 7421 -4 条）。

《公共健康法典》第 462 条规定，医生雇员必须和雇佣他的医疗机构订立书面雇佣合同，并把该书面劳动合同交存于医生公会①，否则，该医生雇员就会受到医生公会的纪律处分。

上述这两类合同的书面形式要求，如果缺乏书面形式，并不影响合同关系的效力。但是，书面形式的缺乏也会导致某类劳动合同的无效，例如，《海员劳动法典》第 4 条规定，海员的劳动合同必须采用书面形式，否则劳动合同无效；《民事航空法典》法律篇第 423 -1 条规定，民事航空中驾驶人员的劳动合同必须书面订立，否则劳动合同无效。

3. 书面形式的语言必须是法语。

所有书面订立、并在法国领土上履行的劳动合同必须采用法语书写。如果雇员是外国人，他可以要求一份用他母语书写的劳动合同，这时，一份法语和

---

① 医生公会是医生这一职业的行业机构，具有行业自律性质，也具有一定的行政性职能，如能够对医生进行纪律处罚、在职业开业等方面也具有一定的权力。此外，作为行业自律性组织，法国还有律师公会，也具有相同的性质和职能。

一份外语书写的劳动合同具有同等效力，如果两份合同有不一致的地方，就以用雇员本国语言书写的劳动合同为准。但是，这一规定在实践中并没有得到很好地遵守，另外，国际性的大公司通常都直接用英语订立劳动合同。

第二节　劳动合同约定条款的合法性

因为法律没有要求无固定期限劳动合同必须采用书面形式订立，所以，法律也不可能提出无固定期限劳动合同的必备条款。如果当事人愿意，可以订立书面形式的劳动合同，也可以口头约定合同的条款。

一、法律禁止当事人约定排除法律适用的条款

无论是书面合同还是口头合同，合同有主要条款和次要条款之分。主要条款涉及当事人的两项主要义务：雇员提供劳动的义务和雇主支付劳动报酬的义务，分别体现在岗位上和劳动报酬上。次要条款是双方协商约定的其他条款。由于岗位是实实在在的，工资是体现为工资条的，所以这两项主要条款的内容较容易确认，而次要条款则会引起较多的问题，对此，需要法律或者法官更多的干预。

为此，法律明确限制当事人通过约定逃避法律规定，目的在于保护处于弱势的劳动者。例如，当事人约定劳动合同解除的具体情形，这样的约定就排除了法律对于解除规定的适用，因而是无效的。《劳动法典》法律卷第 1231 -4 条规定，当事人不得约定提前放弃法律关于解雇规定的适用。再如，第 1221 -5条规定：当事人在劳动合同中约定争议处理机构是无效的。

二、关于试用期的约定

在 2008 年 6 月 25 日法律之前，关于试用期基本上没有特别的规定，试用期内，双方随时可以毫无理由地解除劳动关系。但是，自 2008 年 6 月 25 日一部名为“关于劳动力市场现代化”（la modernisation du marché du travail）的法律对试用期提出了一些新规范（已编入新的《劳动法典》法律卷的第一部分第二卷第二章第四节）。

1. 试用期的目的

“试用期让雇主得以评价雇员的工作能力，特别是工作经验，得以让雇员考察工作岗位是否适合于他。”（法律卷第 1221 -19 -1 条）所以，据此定义，雇主在试用期解雇雇员的理由必须和劳动能力和工作经验有关，即试用期的解

雇不是任意的。

2. 试用期的约定时间

试用期只能在招聘之时约定。劳动合同当事人约定试用期是对合同的最终确定性订立原则的例外。试用期必须明确在应聘信或者劳动合同中，不得推定其存在。2008 年以前的法律允许集体合同规定试用期的期限，但是，从 2008 年 6 月 25 日的法律开始，试用期不再直接根据集体合同确定，而是由雇主和雇员直接约定，或者单独确定，或者在应聘信中明确，或者在劳动合同中约定。集体合同中关于试用期的规定只有当雇员在被聘时被告知该集体合同的存在和相关规定时，该试用期规定才对雇员适用。劳动合同当事人可以约定排除集体合同或者企业惯例关于试用期的规定。

3. “试用期条款”不同于“调动岗位试用条款”

后者是指在劳动合同履行过程中，雇主把雇员调到另一个新的岗位上而给予一定的适应阶段，不同于在招聘之时订立的试用条款。两者的作用、订立时间和法律后果都是不同的。试用期在于考察劳动者的劳动能力和经验，是为了确定劳动关系是否能够继续；而调动岗位试用期目的在于考察劳动者是否具备胜任新的工作岗位的能力，是在了解了雇员的劳动能力和经验基础上的一种变动尝试，通常是为了尝试劳动者是否可以接受新的工作挑战。两类条款的法律后果也不同，试用期内，双方可以相对自由地解除劳动关系，不需要遵守关于解雇的法律规定，而在调动岗位适用期内，即使雇员被证明不能胜任新的岗位，雇主也不得解雇他，而是应当恢复他以前的岗位，否则解雇构成违法解雇。我国劳动法上没有区分这两个阶段订立的试用条款，实践中，很多用人单位把同一个雇员调到另一个新的岗位后，再次订立试用期，试用期达不到要求就解雇雇员，这种做法是不妥当的。为了防止用人单位反复与同一劳动者订立试用期，《劳动合同法》第 19 条第 2 款规定：同一用人单位和同一劳动者只能订立一次试用期。这一规定是应当肯定的。

4. 试用期的期限

试用期的期限因为劳动合同种类不同、劳动者岗位不同而不同。根据《劳动法典》法律卷第 1221 – 19 条的规定，固定期限劳动合同的试用期一般按照工作一周试用一天的长度计算，但是最长不得长于 1 个月，固定期限劳动合同的合同期限超过 6 个月的，试用期最长不得超过 1 个月。无固定期限劳动合同的试用期最长不得超过 2 个月（工人、雇员身份）、3 个月（技术员）和 4 个月（干部），在此范围内，由双方协商确定。《劳动法典》法律卷第

1221－24条规定：在企业中实习的学生的实习期可以算作该学生被该企业雇佣后试用期的一部分。试用期开始的日期是用工之日，也是劳动合同期限的起始日期。这些最新的关于试用期的法律规定目的在于限制实践中雇主滥用试用期来剥削雇员劳动。

5. 试用期内的解雇理由和解雇预告期

2008 年法律之前，试用期内劳资双方都可以随时提出单方解除劳动合同，而且可以毫无理由。但是，2008 年的法律规定，任何一方单方解除劳动合同，既要有理由，也要遵守一定的预告期。

雇主不得滥用试用期的解雇权，既然试用期是用来考察雇员的劳动能力和经验的，雇主解雇必须举证雇员在试用期内被证明不具备要求的劳动能力和经验，才能解雇雇员，或者证明雇员在此期间犯有错误，其他与劳动能力/经验无关的非个人过错的因素都不得作为试用期内解除劳动关系的理由，例如出于经济成本原因的解雇就构成非法解雇。

如果解雇是基于雇员的过错，那么还必须遵守法律关于惩罚的程序规定，即必须提前通知雇员面谈，书面说明惩罚即解雇的理由，否则，雇主要承担赔偿损失的责任。

根据《劳动法典》法律卷第 1221－25 条和 1221－26 条的规定：雇员在试用期内提出解除劳动合同应当提前 48 小时，如果雇员工作时间不足 8 天，这一预告期缩短为 24 小时；雇主解除的预告期稍长一些，对于已经工作了一个月的雇员，解除的预告期是 2 周，对于已经工作了三个月的雇员，解雇的预告期是 1 个月。

不得解雇怀孕女职工的规定也适用于试用期，如果在试用期内雇主解雇女职工的理由是基于该妇女怀孕，则解雇构成非法解雇。如果雇员在试用期内遭受工伤，则试用期暂停，待工伤恢复后继续计算。此外，对于雇员代表、企业委员会代表、工会代表和劳资争议法庭法官（劳资代表）的解雇，法律有特殊的保护，这些特殊保护规定也适用于试用期。

根据司法判例，劳动合同订立时约定了竞业限制条款的雇员，如果在试用期被解雇，那么，竞业限制条款仍然有效，当然，如果雇员在试用期间不可能获得足够的雇主商业秘密使他有竞业可能的时候，该雇员就不必再遵守竞业限

制条款了。[①]

三、其他约定条款的合法性

1. 工作稳定条款（clause de stabilité）

劳资双方可以约定工作稳定条款，即雇主保证在多长时间内不解雇雇员，这样的约定总体上看是合法的，雇主违反约定要承担赔偿损失的责任，赔偿的损失是约定期限未完成的期限内工资的损失，另外，雇员还可以得到违法解雇的补偿金。

2. 工作地点变动条款（clause de mobilité）

双方约定工作地点可以变动的条款，是指雇主可以单方变更雇员的工作地点，无需得到雇员的同意。因为，工作地点属于双方协商的事项，一般不得单方变更，如果订立这样的条款，根据最高法院社会庭的判例，应当指明雇主在某一地理区域内有权单方进行岗位调动，而不是笼统地约定雇主有权单方变更工作地点。

3. 竞业限制条款（clause de non-concurrence）

这方面的规范主要来自判例。开始，最高法院社会庭对此持比较容忍的态度，但是近十年来，态度越来越严厉。由于竞业限制条款是对劳动自由原则的公然侵害，所以，最高法院在20世纪60年代就提出：竞业限制条款只有在具备了合法性条件的情形下才能有效。此时提出的合法性条件包括：在时间和地域范围内的限制、给劳动者正常从事职业的空间和可能性。60－70年代竞业限制条款主要用来限制某些管理层面的雇员或者某些岗位稀缺性的雇员，但是，后来被雇主滥用到写入与一般雇员的劳动合同中，限制普通雇员的择业自由。于是，1992年5月14日的最高法院社会庭的判例又增加了一项合法性条件——对于保护企业的合法权益有必要时，才可以订立竞业限制条款。该判例涉及到雇主限制一个橱窗清洁员的择业自由，这种限制被法院认定为“对于保护企业的合法权益不必要”。2002年7月10日的判例又增加了一项合法性条件——竞业限制条款必须明确雇主有义务向接受限制的雇员支付经济补偿。

4. 禁止兼职条款（或唯一劳动关系条款）（clause d’exclusivité）

雇主和雇员在劳动合同中约定雇员不得有兼职、雇员只能为该雇主工作的条款就是禁止兼职条款，或称为唯一劳动关系条款。在全日制主导的用工制度

---

① 最高法院社会庭1994年6月22日、1983年3月14日、1989年2月23日，1990年4月18日的案例，载《达鲁兹》（Dalloz）（杂志）1994年第92页、1984年第163页、1990年82页。

下，这一条款的合法性是不需要讨论的，但是，随着非全日制工作的增多和全日制工时的缩短，禁止兼职条款的合法性也就有了变化。2000 年 7 月 11 日的判例中，最高法院社会庭明确提出在非全日制的劳动合同中约定禁止兼职条款无效。

对于全日制劳动合同中约定的禁止兼职条款的合法性问题，社会庭提出应当根据合比例原则（也称为适当原则 principe de proportionnalité）来判断该条款是否合法，即“只有当它对于保护企业合法权益是必要的、并且被工作岗位的性质所证明是正当的、与所要实现的目的相比是合比例的（适当的）”。这也就是说，雇主不得认为合同中只要约定了禁止兼职的条款，就当然有效，就一定对雇员有约束力。这从反面证明了不得禁止兼职的一般原则要求。因为这涉及到劳动权的实现问题，而劳动权属于宪法性权利，对它的限制，必须符合比例原则，即《劳动法典》法律卷第 1321 -3 条规定的“任何人不得对雇员个人性的、集体性的权利和自由做出不能为雇员承担的任务性质所证明的、或者与雇主所要追求的目标不成比例的限制”。对于兼职的限制，是由法律明确规定的，而不是由当事人来约定的。根据《劳动法典》法律卷第 8261 -1 和 -3 条的规定，任何雇员都不得在法定的或者行业的最长工时以外的时间进行有酬劳动，但是，从事科学研究、文学艺术、教育、教学和慈善工作，以及个人自主性的和志愿性的工作除外。2007 年 2 月日 2007 -148 号法律和 2007 年 5 月 2 日 2007 -658 号法律禁止公职人员从事有悖于职务的独立性和中立性的私营有酬兼职。

第九章

劳动合同的履行

劳动合同有效订立后，双方当事人都要善意履行，要履行各自的合同义务。在履行过程中，雇员还要服从企业内部规章制度，但是，规章制度也不可以任意地规定，以至于侵犯雇员的基本权利。在履行过程中，如果雇主转让企业，那么，转让后，雇员有什么样的权利。本章对劳动合同履行中涉及到的主要问题做一介绍。

第一节　劳动合同当事人的主要义务

劳动合同的有效订立使双方当事人负有各自的义务。

一、雇员的主要合同义务

雇员的合同义务包括基本义务和特别约定义务两个方面。

1. 基本义务——提供劳动

基于劳动合同产生了雇主和雇员之间的从属法律关系，雇员要接受雇主的指挥管理。所以，雇员的第一项义务，就是提供劳动。雇员要在工作时间和工作地点内能为雇主所用、履行劳动合同规定的工作。这也是为什么法国劳动法在法定工作时间以外，还要定义“实际劳动的时间”（la durée du travail effectif），即“雇员保持为雇主所用的状态，并且服从其命令，不得自由地从事个人私事的时间为实际劳动时间。”（法律卷第3121－1条）只要雇员处于让雇主使用其劳动力的状态下，就视为劳动。

雇员提供劳动必须是亲自进行，不得由他人代替。而且，雇员必须在规定的时间和地点进行劳动。

此外，雇员还必须善意地提供劳动。这一要求看上去没有什么特别，但是在劳动法上却包含着一些特别的内容。首先，包括雇员有能力完成劳动义务，为此，法律规定了雇主有帮助雇员适应工作岗位的义务（obligation d'adaptation)，雇员也有义务接受雇主提供的培训。其次，雇员必须尊重雇主的利益，不仅进行有效劳动，而且还要持有谨慎态度，要保守雇主的秘密。

雇员提供劳动的义务属于手段上的义务（obligation de moyen），不同于结果上的义务（obligation de résultat）。雇员只要把自己的劳动力置于雇主的雇佣之下即可，由雇主用来和其他手段结合来盈利同时也承担风险，雇员不需要提供一个具体的劳动结果。权威劳动法教材认为，任何限定雇员有义务实现某种具体结果（例如，用数字表示的要完成一定量的劳动）的规定都是无效的，或者不被认定为劳动合同。① 正是基于这样的义务性质，雇主可以根据确定工作任务来决定雇员的劳动报酬，甚至决定雇员是否具备了足够的职业能力。但是，最高法院认为，雇员职业能力不足本身不能成为合法解雇的理由。②

2. 特别约定义务

这是指双方在劳动合同中约定了一些特别条款，例如，多面手条款（clause de polyvalence），要求雇员接受多种类型的岗位；工作地点变化条款（clause de mobilité），规定雇员要接受雇主单方的工作地点调动；竞业限制条款、培训条款，等等。

雇员是否要履行这些条款，首先要看这些约定条款是否合法有效，其法律效力并非因为约定在合同中就当然取得。这些条款，一方面要不违反法律的规定，例如，法律卷第 1121 -1 条规定的："任何人不得对个人权利和个人性、集体性自由作出不能被工作任务的性质所证明的限制，该限制也不得和所追求的目标相比不合比例。"雇主不得约定限制雇员权利和自由的条款，例如不能约定因为工作地点的变更而强制雇员搬家的条款。③ 另一方面，还要符合最高法院提出的合法性条件，例如不得属于滥用权力情形、约定要详细等要求（见合同变更部分），特别是最高法院关于某些特定事项会有特别的规则，例如关于竞业限制条款（见合同内容部分）。

如果约定的条款符合有效的条件，雇员就必须遵守，否则，就构成对劳动合同义务的违反。

---

① Jean Pélissier, Alain Supiot, Antoine Jeammaud 著：《劳动法》，达鲁兹出版社 Dollez，2008 年，第 24 版，第 734 页。

② 最高法院社会庭 1999 年 3 月 2 日的一个判决，《民法案例汇编第五卷》（Bull. civ. V）1999 年第 56 号。

③ 最高法院社会庭 1999 年 1 月 12 日 spileers 案例，《社会法判例杂志》（RJS）1999 年第 2 期第 151 号。该案中，雇主约定因为工作地点的变更而强制雇员搬家的条款，被最高法院认为违反了《欧洲人权公约》第 8 条第 1 款"人人享有私人和家庭生活、住所和通讯受尊重的权利"的规定。

二、雇主的主要合同义务

雇主有两项主要的合同义务：支付工资和保障劳动安全

1. 支付工资

工资包括各种形式的工资、奖金和实物性福利。① 法律把工资的确定排除在企业规章制度内容之外（法律卷第 1321 -1 条），工资不得由雇主单方决定。通常，工资或根据集体合同/集体协议确定，或在劳动合同中约定确定。司法判例认为，雇主可以单方决定提高工资，但是，决定后很难降下来，必须经过集体谈判，或者交由法官决定。

工资支付必须遵守最低工资（SMIC）的要求。法律明确规定：最低工资用来保障低收入雇员的购买力和保障他们能分享国家的经济发展成果（法律卷第 3231 -2 条）。当全国物价消费指数增长 2% 时，最低工资也应按此比例增长（法律卷第 3231 -2 条）。最低工资是小时最低工资，2006 年 7 月 1 日公布的最低工资为每小时 8. 27 欧元，按照每周 35 小时工作制计算的话，每月最低工资为 1254. 28 欧元。目前实行的仍然是 2006 年的最低工资。

2. 保障雇员的劳动安全

雇主有义务采取措施预防职业风险、提供信息和培训、建立安全卫生组织（法律卷第 4121 -1 条）。在雇佣 50 人以上的企业应当建立安全卫生委员会，监督日常安全卫生问题。雇主不仅负有法定的安全义务，而且，最高法院在一系列关于石棉的案例中，还提出了雇主负有结果上的安全义务（obligation de sécurité de résultat），雇主不仅仅有义务采取各种必要措施，而且要从结果上负责，违反这一义务意味着雇主犯了不可饶恕之错（faute inexcusable），雇主个人要承担法律责任。在即将有重大危险出现时，雇员有权离开工作岗位。

第二节　雇主的权力与内部规章制度

制定内部规章制度是雇主权力的表现，然而，如何看待雇主的权力，以及雇主制定规章制度的权力是否应得到限制，如何限制等等问题，法国法为我们提供了重要的参考和启发。

---

① François Gaudu 著《劳动法》(Droit du travail)，达鲁兹出版社（Dalloz），2007 年，第 118 页。

一、关于雇主权力的理论

有的学者把雇主的权力（pouvoir de l'employeur）总结为四项[①]：管理权——进行经营方面的决策；指挥权——发出命令和监督雇员执行；规范权——组织企业活动和制定内部规则；惩罚权——对于有过错的雇员给于处罚。有的学者将管理权和指挥权合并，认为雇主拥有三项权力[②]：指挥管理权、规范权和处罚权，后两项权力实际上是第一项权利的分支。最详尽的劳动法教材作者认为，指挥权是雇主权力的核心，由此再分为对企业的管理权和对雇员的指挥权。[③]

为什么用pouvoir权力，而不是droit权利？为此，F. Gaudu教授认为，权利droit的享有者在行使权利时，不需要说明行使的理由，而权力pouvoir属于目的性的特权（prérogative finalisée），其行使要服从于和权力所有者利益不同的另一个利益，所以，才需要法官来监督其行使。为什么在谈到雇主时使用权力，这与雇主权力的来源理论有密切关系。学界有三种关于雇主权力来源的理论[④]。

1. 企业-组织论

学界早期前辈P. Durant创立的企业-组织论在劳动法学界曾经有着重要影响，现在似乎有些过时了。这一理论认为，企业就是一个组织（institution），就像国家、家庭一样，企业有自己的利益，不同于其中组成的个人利益，为了这一共同利益，企业中的个人要服从组织，企业也就对个人拥有权力，而这权力是由雇主来行使的。

2. 传统理论

传统观点认为，财产权可以赋予雇主以管理权；劳动合同表明了从属关系，也就赋予雇主以指挥权。

3. 法律授权论

近年来，有的学者指出，雇主的权力已经逐渐地被法律所确认，不需要从

---

① François Gaudu著《劳动法》(Droit du travail)，达鲁兹出版社（Dalloz），2007年，第98页。

② Emmannuel Dockès著《劳动法》（Droit du travail），达鲁兹出版社（Dalloz），2008年，第81页。

③ Jean Pélissier, Alain Supiot, Antoine Jeammaud著：《劳动法》，达鲁兹出版社Dollez，2008年，第24版，第724页。

④ François Gaudu著《劳动法》(Droit du travail)，达鲁兹出版社（Dalloz），2007年，第100－103页。

组织的角度看待雇主的权力。例如，1982 年 8 月 4 日“关于劳动者在企业内各项自由”的法律明确了雇主的规范权，并提出了相应的限制。

二、内部规章制度的内容

与我国企业内部规章制度不同，法国法上的企业内部规章制度的内容是特定的、法定的。

1. 法定强制性内容

“内部规章制度是由雇主制定的、只能包括以下内容的书面文件：一是企业实施安全和卫生法规的各项措施，特别是雇员应当掌握的各项安全卫生具体操作规程，如在确认危险存在的情况下，雇员可以采取的各项措施。各项安全卫生措施必须与雇员的工作岗位相适应。二是雇主与雇员协商确定的关于雇员在哪些情况下可以参与创造有利于保护雇员安全和健康的劳动条件。三是劳动纪律，特别是关于处罚的性质和等级的规定。”（法律卷第 1321 –1 条）

从这里可以看出，法国法要求的企业内部规章制度的内容实际上分为两部分：一是安全卫生措施，二是惩罚措施。这第一部分内容实际上是企业依照法律规定的安全、卫生要求，结合企业内部劳动岗位的性质，而制定的适用于本企业内部的安全生产制度，并在这种制度中，协商确定雇员的参与程度。这第二部分内容涉及到纪律要求，也就是雇主在何种情况下对雇员给予何种处罚，这是雇主处罚权的行使，但是，雇主在规定这部分内容时必须符合法律规定。

上述内容是法定强制性内容，如果缺少，劳动监察官在监督规章制度合法性时会要求雇主补充。如果雇主在规章制度中没有规定某项处罚措施，则不得在实际中对雇员适用这一处罚。如果内部规章制度中规定了其他上述内容之外的事项，最高法院认定其中对雇员权利有利的，就属于雇主的单方承诺，例如规定了年终奖、较高的解雇补偿金等，雇主要遵守；相反，增加雇员义务的事项，则不具有法律效力，例如统一规定竞业限制、岗位变更义务等，都不能对雇员有约束力，劳动监察官也会在检查时要求雇主删除。

2. 禁止包括的内容

法律卷第 1321 –3 条和第 1321 –4 条规定了内部规章制度的法定排除内容。内部规章制度“不得包括违反法律、法规以及集体合同、集体协议的条款。”（法律卷第 1321 –3 条）“也不得对雇员个人性的、集体性的权利和自由做出不能为雇员承担的任务性质所证明的、或者与雇主所要追求的目标不成比例的限制；也不得含有对具有同等职业能力的雇员，只因性别、习俗、家庭状况、出身、观点或信仰、或者残疾等因素不同，而侵害其劳动权益的条款。”

（法律卷第 1321－3 条）

这些内容上的限制是 1982 年法律增加的。实践中，监督内部规章制度的劳动监察官曾经通过检查，要求企业删除以前制度中对个人权利的限制条款。而且，最高行政法院也通过案件审理对此进行着一定的监督。最高行政法院判决认为，内部规章制度中规定对雇员身体、背包进行搜查的条款、企业行政方有权随时打开雇员个人使用的工作衣柜检查使用情况和存放物品的条款，都是违法的，是对雇员权利和自由的侵犯。① 而要求雇员做酒精检查的条款则要看雇员的工作性质而定，对于在有危险性机器旁工作的雇员或者使用有毒产品的雇员，雇主可以在内部规章制度中要求他们进行这类酒精测试，因为雇员所承担的工作性质可以证明这类测试的必要性。②

最后，根据法律卷第 1132－1 条规定，内部规章制度的内容不得含有歧视性规定："禁止雇主因为雇员的出身、性别、习俗、家庭状况、种族、民族、政治观点、参加工会或者互助会活动、行使罢工权、宗教信仰、身体健康状况或残疾因素（除非有医生证明属于无能力者）而惩罚或者解雇雇员。"

三、内部规章制度的制定

制定内部规章制度，是不是当然就是雇主的权力？这在我们很多人看来，已经不成为问题了。回答当然是肯定的。然而，当我们看看周围国家的做法时，答案其实并不那么肯定。例如，在比利时、荷兰和原来的联邦德国，企业内部劳动规则必须由职工代表和雇主协议达成，如果达不成协议，就有一系列的救济手段，如和解、仲裁等。如在原来的联邦德国，企业委员会在涉及企业的组织、雇员行为等问题上享有"共决"权。法国的做法与这些国家不同，在同样推行集体合同制度的情况下，法国法律承认雇主有制定企业内部劳动规则的权力，称之为雇主的一项"规范性权力"（pouvoir normatif）。为了防止雇主滥用这项"规范性权力"，造成对雇员合法利益的侵害，法国法律明确界定了这项权力的使用范围。同时，法国法律又把某些企业、组织制定内部劳动规则规定为一种义务。

1. 制定企业内部规章制度是雇主的一项义务

凡雇佣 20 人以上的私法上的企业或者组织都必须制定内部劳动规章（法

① 最高行政法院 1987 年 6 月 12 日的一项判决，《社会法》（杂志 Droit social）1987 年第 651 页。

② 最高行政法院 1990 年 11 月 12 日的一项判决，《社会法判例杂志》（RJS）1991 年第 2 期第 178 号。

律卷第 1311 -2 条)，适用于全体员工和雇主。这一义务的主体非常广泛，包括各类企业、公司、协会、工会组织、社会保险组织，以及具有工商性质的公共部门（法律卷第 1311 -1 条)。

2. 对企业内部规章制度制定程序上的要求

虽然制定内部规章制度属于雇主单方的权力，但是雇主必须遵守以下程序上的要求。

第一，咨询员工代表机构。根据法律篇第 1321 -4 条，雇主在正式公布内部劳动规则以前，首先必须征求企业委员会的意见，如没有企业委员会，要征求员工代表的意见，同时要征求企业安全卫生委员会的意见。① 如果雇主没有遵守以上咨询程序，则该内部规章无效。同时这一行为也构成刑法上的第四等违警罪即妨碍企业委员会正常运行罪，雇主要受到 750 欧元罚金刑法处罚。

第二，雇主在咨询意见之后，最终决定规章制度的内容。

第三，公示规章制度。雇主要把内部劳动规章在企业内公布于众，要张贴在员工工作场所、招聘办公室的大门上等员工能够看得到的适宜地点（条例卷第 1321 -1 条)。

第四，提交监督。在张贴规章的同时，雇主要将该规章以及企业委员会或者员工代表以及企业安全卫生委员会的意见，一并提交劳动监察官，接受劳动监察官对其合法性的监督。劳动监察官的监督，虽然不构成该规章生效的必要程序和条件，但是，这种监督仍具有实际意义，因为，内部规章制度的具体生效时间要在规章中明确写明，法律要求这一时间必须是在规章公布一个月后的某一个日期（法律卷第 1321 -4 条)，所以，在张贴过程中的规章实际上还没有生效，劳动监察官仍然可以阻止违法内容，要求雇主及时删除。

第五，提交备案。在张贴规章和提交劳动监察官监督的同时，雇主还必须把规章制度提交给当地处理劳动争议的一审法院备案（条例卷第 1321 -1 条)。

四、对内部规章制度的监督

为了防止雇主滥用规范权，保证内部规章制度的合法性，法国法规定了两种监督途径。一是行政监督，即通过劳动监察官在程序上和内容上的检查来保证其合法，这是一种直接的监督措施；二是司法监督，通过法院审理劳动争议

① 根据《劳动法典》的规定，雇佣 11 人以上的企业必须选举员工代表，雇佣 50 人以上的企业必须设立企业委员会和安全卫生委员会。

案件来纠正内部规章制度中不合法的内容，这种监督较为间接。

1. 行政监督

行政监督表现为直接性和全面性。劳动检察官要检查雇主提交的内部劳动规章制定的程序是否合法，内容是否超出法定范围、是否违反法律、法规、企业的集体合同或集体协议。如发现程序不合法，劳动监察官要督促雇主重新履行法定程序；如发现规章中有些内容不属于法律要求规定的，他有权随时要求雇主撤销这些内容，如发现有违反法律、法规或集体合同、集体协议的条款，他可以随时要求雇主修改这些内容（法律卷第 1322 – 1 条）。劳动监察官做出的要求修改或撤销的决定，必须以书面方式说明理由，并要传达到企业委员会成员或员工代表，以及企业安全卫生委员会成员（法律卷第 1322 – 2 条）。此外，如果劳动监察官发现雇主没有制定内部劳动规章或者规章没有全面包括法定的内容，那么，他有权督促雇主尽快制定内部劳动规章，或补足缺少的内容。如果雇主仍然拒绝按照法律要求履行其义务，雇主的行为就构成刑法上的第四等级违警罪。

值得指出的是，劳动监察官的这一监督权不受时间的限制。当然，一般情况下，他要尽可能在雇主公布规章后的一个月内、在规章生效日期以前完成检查任务，提出监督意见。但是，如果规章的某些违法规定是在雇员提出争议之后或者法庭的判决公布之后才暴露出来，那么，劳动监察官仍有权在规章已经实施几个月甚至几年后要求雇主修改或者撤销某些内容。

法国法律对权利的救济途径规定得很健全，在雇主制定内部劳动规章这一规范性权力方面也可看到这一点。雇主对于劳动监察官做出的修改或撤销内部劳动规章某些内容的决定表示不服的，可在该决定做出后的两个月内，按照所在的行政区域向该地区的劳动及就业局局长申请复议。地区的劳动及就业局局长可以在收到申请后的四个月内给雇主一个明确的答复，该答复也要传达到企业委员会成员或员工代表；如果他在这四个月内没有答复，就表示雇主的申请被驳回。当然，雇主还可以就地区的劳动及就业局局长的决定提请到劳动部长那里进行行政复议，如果认为该决定超出了其权利范围，还可以就该决定向行政法庭提出行政诉讼，行政法庭有权就该内部劳动规章的合法性做出判断。

2. 司法监督

司法监督则是间接的，是通过法官，审查雇主针对雇员过错所实施的惩罚措施是否合法，来进一步判断企业内部劳动规章的某项内容是否合法。这类争议由劳资争议处理委员会（特别的一审法庭）和民事大审法庭（二审）来受

理。雇员由于受到雇主的一项纪律性惩罚而与雇主形成争议，诉至劳资争议处理委员会，为了确定雇员是否犯有雇主所指的错误，劳资争议处理委员会就必须审查企业内部劳动规章中有关条款的合法性，如果能够认定规章中的这些相关条款是违法的，那么，雇员对这些条款的违反就不能构成过错，雇主相应的惩罚措施也就不合法了。

实际上，法官并不能直接宣布该规章中的某些条款违法，只能宣布雇主对雇员的某项惩罚措施无效。为了使这样的判决具有更广的实际意义，法律规定：由劳资争议委员会的书记官将判决的复印件交给相应的劳动监察官和企业的员工代表（法律卷第 1322 –4 条）。这时，劳动监察官可以再对企业的内部劳动规章进行检查，要求雇主撤销司法判决中认为非法的那些条款。这样，就可以通过一件劳资诉讼，达到纠正内部劳动规章错误的效果。

五、雇主处罚权的行使与限制

法国法认为雇主有权惩罚犯了错误的雇员，具体采取何种方式惩罚雇员基本上由雇主自主决定，但是，为了避免雇主滥用这一权力，法律明确规定了雇主行使这一权力时应当遵守的两个方面的限制条件：一是实体性的，关于处罚措施本身的限制；二是程序性的，关于处罚程序上的限制。

（一）对处罚措施的限制

1. 明确劳动法上处罚措施的界定及其意义

《劳动法典》法律篇第 1331 –1 条规定：“除口头批评外，雇主针对雇员的在其看来是错误的不当行为而采取的任何措施，不论是否立即影响到雇员的出勤、职务、报酬或职业，都构成对雇员的惩罚。”

从这一定义来看，处罚措施范围很广，由雇主根据实际需要采取不同的形式。在司法实践中，它既可以包括那些传统的惩罚措施，如书面批评、警告、停职、调动岗位、降职、解雇，也包括一些对雇员来说具有惩罚性的职业上的不利变化，如推迟晋升、改变工作时间、不准参加某些会议、扣除奖金、取消免费停车位等。

从法律上界定哪些措施构成雇主对雇员的惩罚措施，其意义就在于，判断雇主是否正确行使了惩罚权。因为雇主采取措施的性质不同，所要遵守的法定程序也不同。对于惩罚措施，雇主必须遵守《劳动法典》法律篇第 1332 –2 条规定的程序。例如，如果调动雇员的岗位或者变更雇员的工作时间，属于对雇员犯了错误的惩罚措施，那么，雇主在采取这样的措施以前，必须按照规定完成相应的法定程序，而如果雇主采取这样的措施，并不是因为雇员犯了错误要惩罚他，而是由于工作需要必须要做这样的变更，那么，雇主就不必事先进行某些程序。

根据最高法院社会庭的判例，雇主所采取的下列措施都构成劳动法意义上的惩罚措施，都必须遵守相应的法定程序：雇主推迟某一雇员按照工龄条件应得的职务晋升构成对该雇员的一项惩罚；如果雇主可以出于补偿或者激励雇员职业资格的需要而给予雇员个别性的优厚待遇，那么某些雇员被剥夺了享受那些适用于全体员工的待遇的权利就构成对这些雇员的惩罚措施；在雇主提出警告之后，雇员仍然连续迟到，不能完成工作任务，被重新分配工作岗位，也构成对他采取惩罚措施。①

2. 法律明确禁止雇主对雇员采取罚款和经济性处罚措施

法律篇第 1331－2 条明确规定："禁止罚款和经济性处罚。任何与此相反的规定都无效。"

然而，何为经济性处罚？立法者并没有做出解释，而是由最高法院社会庭的司法判例给出了答案。该庭认为，经济性处罚是指某项惩罚措施直接给雇员带来经济上的损失，对于雇员遭受的间接性的经济损失，则不在此范围内。②例如，雇员犯了错误，雇主采取了降职的处罚措施，而降职并不构成法律禁止的经济性处罚，因为降职的直接后果是雇员工作的变更和责任的减轻，至于雇员的工资因此减少了，则是降职的后果，相对于惩罚措施而言，是间接性的经济损失。再如，该庭 1987 年 6 月 12 日的一项判决认为，如果内部劳动规章中的某个条款规定，雇员有迟到或者缺勤的情况就减少或者取消其年终奖金，那么这样的条款就构成经济性惩罚措施，是法律禁止的。此外，根据司法判例，雇主因为雇员拒绝参加一个强制性的会议就扣除其工资的行为、因为雇员没有尽责履行其劳动义务而克扣其工资的行为、因为雇员犯了错误就取消其奖金的行为③，等等，都构成经济性惩罚，这都是违法的。

3. 法律禁止雇主对雇员采取歧视性的惩罚措施

"禁止雇主因为雇员的出身、性别、习俗、家庭状况、种族、民族、政治

① 分别是法国最高法院社会庭 1990 年 3 月 20 日、1995 年 7 月 19 日、1992 年 12 月 2 日的判决。

② 法国最高法院社会庭 1988 年 5 月 24 日、1989 年 4 月 20 日、1992 年 1 月 22 日、1993 年 2 月 17 日的判决。

③ 分别是法国最高法院社会庭 1997 年 11 月 19 日、1991 年 2 月 20 日和 4 月 17 日、1998 年 6 月 4 日的判决。

观点、参加工会或者互助会活动、行使罢工权、宗教信仰、身体健康状况或残疾因素（除非有医生证明属于无能力者）而惩罚或者解雇雇员。”（法律篇第1132－1条）这一规定是法国劳动法的基本原则之一——非歧视性原则在限制雇主惩罚权和解雇权上的基本要求。它从反面要求雇主在惩罚雇员时，必须根据雇员犯了他所认为的工作上的错误进行惩罚，不得挑剔与工作无关的、雇员自身的或者行使合法权利的因素对雇员进行惩罚。如果雇主违反了这一规定对雇员采取了惩罚措施，那么这一惩罚决定就是无效的。

4. 法律禁止雇主对雇员的同一个错误行为进行两次处罚

这是由法国最高法院社会庭的司法判例所确立的一项限制。例如，雇员因为某项错误而受到书面警告的处分，那么这项错误就不能成为雇主辞退该雇员的理由。当然司法判例也认为，雇主可以针对雇员反复犯的同一错误，结合前次所犯的，来处罚雇员最近所犯的那次错误。为了保护雇员，进一步限制雇主的处罚权，《劳动法典》规定：“任何一项三年前的处罚措施不得再被援引来支持一项新的处罚。”（法律篇第1332－5条）这是要求雇主树立“过往不究”的观念，不得对雇员的错误进行“秋后算总帐”。

5. 法律规定了雇主处罚权的时效

《劳动法典》法律篇第1332－4条规定：“除非受到刑事追究，从雇主知道雇员的错误之日起两个月以上的，雇主不得再仅仅根据该错误对雇员进行处罚。”这里明确规定了雇主追究雇员的错误并实施处罚的期限是在他知道雇员犯错误后的两个月之内，超过了这个期限，他就失去了对该项错误的处罚权。对于雇主来说，这实际上是一个处罚权的时效；对于雇员来说，是一个免除处罚的期限。

6. 法律要求惩罚措施必须适当

《劳动法典》法律篇第1333－2条规定：“雇主对雇员的惩罚措施必须与雇员所犯的错误成比例，不得惩罚过当。”对此处罚措施是否适当，由法官来审查确定。据此，最高法院社会庭认为，一名女工因为参加儿子的职业实习信息会而迟到了一个小时就被处以停职八天的惩罚，是不合法的。①

（二）对处罚程序上的限制

法律要求雇主惩罚雇员应当遵守法定的程序，尊重雇员的辩护权。整个处

① 最高法院社会庭1979年2月22日的一项判决，《民事判例汇编第五卷》（Bull. civ. V）1979年第165号案例。

罚程序要经过书面通知、见面谈话、允许雇员辩护、雇主做出处罚、通知处罚决定几个阶段。

“没有以书面方式通知雇员，并告知对其指责时，任何针对该雇员的错误行为的惩罚措施都不得做出。”（法律篇第 1332 - 1 条）雇主要惩罚雇员时，除非惩罚方式是警告或者类似性质的措施，对雇员的出勤、职务、报酬或职业生涯没有影响的，对于其他形式的惩罚措施，雇主都应当以书面的方式提前通知该雇员进行谈话，在通知书中要写明谈话的目的和时间、地点，并告知雇员可以找一位员工陪同他参加谈话。在谈话过程中，雇主要说明惩罚雇员的理由，并听取雇员的解释（法律篇第 1332 - 2 条）。

处罚决定应当在谈话后的一天至一个月的时间内以书面形式做出，并陈明惩罚的理由（法律篇第 1332 - 2 条）。

从上述规定可以看出，因雇主采取的惩罚措施的不同，所应当遵守的程序也是不同的。对于较轻的处罚，即警告或者类似性质的惩罚，不会给雇员的出勤、职务、工资或者职业带来影响的，雇主无需提前通知雇员，可以在对他宣布处罚的同时书面告知处罚的理由。对于雇主要采取的其他较重的处罚形式，如调动岗位、停职、降职或者辞退，法律要求雇主必须遵守事先谈话、听取辩护、一个月内做出处罚决定的程序。

（三）对雇主处罚权的司法监督

法律除了对雇主处罚权设定了上述实质上和形式上的限制条件外，还明确赋予法官，通过审理雇员与雇主之间就处罚措施产生的纠纷，来监督雇主是否合法地行使了处罚权。

《劳动法典》法律篇第 1333 - 1 条规定：“出现纠纷，由劳资争议处理委员会判断雇主对雇员的处罚的程序是否合法，以及雇主指责雇员所犯的错误是否能证明某一项处罚。雇主必须向劳资争议委员会提供他做出处罚决定所考虑的各种因素，该委员会在（必要时）采取了所有认为有益的预审措施后对这些因素做出认定，如果存在异议，就从有利于雇员角度认定。劳资争议委员会对于形式上不合法、实体上不成立的、过当的处罚措施能够宣布无效。”

雇主的某项处罚措施被劳资争议委员会宣布无效后，雇主就得为雇员恢复相应的权利，尽管，有时候做起来有很多困难，比如，雇员被宣布停职，其职位已经分配给另外的雇员了，但是，这些困难都不能免除雇主重新为雇员安排相应职位的义务。如果劳资争议委员会认定雇主指责雇员所犯的错误不成立，那么，雇主的处罚决定就是无效的；如果该委员会认定雇主没有遵守法定的程

序处罚雇员，那么，雇主的决定也是无效的，即使该委员会认定雇员犯了被指责的错误，在雇主的处罚措施被宣布无效后，雇主也不得再对该雇员的该项错误重新进行处罚，因为已经过了法定的处罚时效。

第三节 企业转让下的劳动合同

我国企业转让时，劳动合同纠纷非常多。法国法可以给我们以启示。在企业发生了法律所认可的转让情况下，雇员的劳动合同应当继续生效。这是法国劳动法在较早时期确认的一项规则。但是，这一有利于雇员的规则如何适用、如何判断，其实并不容易。相关的司法判例也一直处在演变之中。

一、"企业转让下劳动合同继续有效"规则的历史背景

1. "企业转让下劳动合同继续有效"规则的出现

企业转让（transfert d'entreprise）是指企业的所有人改变了，企业由原来的所有人转让给了新的所有人。对于雇员来说，企业发生转让，就是换了雇主。与雇员有劳动关系的原企业所有人（老雇主）不再有工作提供给雇员了，而企业新的所有人（新雇主）则需要有劳动力来劳动。此时，很显然，雇员的利益在于保住工作，继续在新的企业所有人这里劳动，而新的企业所有人的利益在于留住这些雇员，因为他们了解企业、有自己的专长。于是：雇员跟随企业的命运，在转让了的企业留下来。从劳动法角度讲，就是雇员与企业的劳动关系继续维持，雇员的劳动合同就从原来雇主那里转到雇员与新的雇主之间。这就是著名的"劳动合同在企业转让下继续有效"规则。

根据 F. Gaudu 教授的介绍，这一规则（règle）是法国法从德国法学来的。① 曾经因为法国战败而被划归德国的洛林、阿尔萨斯在 1918 年回归到法国后，这些地区的法律仍然保留着德国法的传统。为了适应这些地区的法律，于是法国法把德国法上的这条规则借鉴过来，由 1928 年 7 月 19 日的法律加以规定，后来成为著名的旧《劳动法典》法律卷第 122 - 12 条第 2 款的内容，目前该条已经被重新编排成为新《劳动法典》法律卷第 1224 - 1 条。根据学者的信息，德国法这方面的规定散见于《德国民法典》和《德国商法典》中，1972 年德国想对该问题进行改革时，还大量参考和借鉴了法国法。② 可见，在

① François Gaudu 著《劳动法》(Droit du travail)，达鲁兹出版社（Dalloz），2009 年，第 182 页。
② François Gaudu 著《劳动法》(Droit du travail)，达鲁兹出版社（Dalloz），2009 年，第 182 页。

此问题上，法德两国是互相借鉴的。

当时在意大利也有类似的规定，于是，德国、法国和意大利法律对此问题的态度就直接启发和影响了欧共体（欧盟的前身）立法。欧共体通过了 1977 年 2 月 14 日的 77/187 号指令，对此规则进行了详细规定，为当时正在建立中的欧共体提供了大胆的、重要的法律支持。该条例后被修改两次（1998 年 6 月 29 日条例和 2001 年 3 月 12 日条例）。现行的条例就是 2001 年的 2001/23 号条例。由于欧盟各成员国国内法必须服从欧盟条例的规定和欧盟法院的司法判例，所以，法国国内法和国内司法实践常常要根据日益丰富、详尽的欧盟条例和欧盟法院的司法判例来调整。

显然，“劳动合同在企业转制下继续有效”这一规则是《法国民法典》第 1165 条确认的合同相对性的一个例外。

2. 确立这一规则的原因

为什么德国法确立这项保护雇员而不是保护雇主的规则呢？根据 F. Gaudu 教授的分析[①]，是因为当时工业的高度集中，特别是某些行业得到集中发展，例如，冶金业的大规模集中发展，德国出现了康采恩，不同于家族式企业，庞大规模的企业集团出于战略发展的考虑，出售和收购企业的事情便是家常便饭，而为了顺利实现资产的转移，就需要一个简便的规则，使得企业转制的目标不因为劳动合同的问题而被阻止，也不会给转制带来额外的费用负担，于是，大家形成共识：劳动合同继续有效存在；法国的工业集中虽然晚于德国，但是，冶金业在 20 世纪初开始了高速发展阶段，规模和集中程度都大大提高，因此，在法国，德国法确定的这一规则首先是洛林地区的冶金业开始被接受，后来，逐渐形成了法国国内的共识，于是，在多项立法意见的基础上制定了 1928 年的法律，将这一规则正式纳入立法保护。

在谈论这一规则重要性时，有学者认为这一规则实际上构成了所有能够影响企业内部组织各种运动的核心。[②] 因为这一问题直接涉及到严酷和剧变的现实，什么人力外包、企业重组、企业合并等等，就是企业所要经常面临的现实。所以，如此变幻莫测的企业运作就使得这一规则的适用范围较为广泛。但是，其适用的范围到底在哪里，学者们认为，有时也并不是完全清晰的，而

① François Gaudu 著：《劳动法》（Droit du travail），达鲁兹出版（Dalloz,）2009 年，第 182－183 页。

② Emmannuel Dockès 著《劳动法》（Droit du travail），达鲁兹出版社（Dalloz），2008 年，第 331 页。

且，如此古老的一条规则在现实背景下，也会有不合适的地方，虽然是为了保护雇员，但是，常常雇员们也是对此不满。

二、"企业转让下劳动合同继续有效"规则的适用范围

从众多国内和欧盟的司法判例来看，由于人们对这一规则中的"企业"理解的不同，以及对不同转让方式的理解不同，规则的适用范围实际上也会或大或小，而且也一直在经历着演变。其适用的界限在哪里，人们也一直在认识，在探索。从目前来看，这种探索的手段和结果直接形成国内判例、欧盟条例和欧盟司法判例。法国司法判例的态度在几十年中曾经历过重大的改变。

（一）适用的前提之一——"经济性实体"的转让

笼统地说，企业发生转让，雇主变更了，雇员的劳动合同继续对新雇主有效。但是，这一规则从具体适用来看，其中有太多的细节需要明确，需要辨别。这方面的判例多而杂的原因，就在于如何通过法律和判决来理解和规制转让这一经济领域的事务对劳动者的影响，对此，常常会出现不同的理解，从而带来不同的适用结果。

法国《劳动法典》法律卷第 1224 - 1 条明确规定："如果雇主的法律地位发生变更，尤其因为继承、出售、合并、营业资产转让、公司改制而致使其法律地位发生变更时，变更之日正在履行中的所有劳动合同均在新雇主和企业雇员之间继续存在。"有学者认为，该条使用的"雇主的法律地位发生变更"短语很不准确，不易理解，实践中涉及到的根本问题是，在企业转让后雇主发生变更。①

1. 初期，对转让的对象——"企业"的理解

如何理解作为转换了所有人的对象——企业，有人从"组织"（organization）的角度看，认为企业是一个整体，是包括地点、物质材料、资本和人员组成的一个组织体。根据这一观点，如果将这样一个组织体进行了转让，受让人就成为了这个组织体的新的雇主，自然，原来的雇员就属于新的雇主名下的雇员了。由此观点和结果出发，很快地形成了下列观点：企业的一部分转让，如分厂、分支机构的转让，也类似于整体的转让，也发生企业转让的法律后果，即这些分厂、分支机构中的雇员的劳动合同继续在新的雇主和这些雇员之间有效。法国司法判例在 20 世纪 60 年代的时间内一直如此认定，而且欧共体

① François Gaudu 著《劳动法》（Droit du travail），达鲁兹出版社（Dalloz），2009 年，第 184 页。

条例也承认，一个分支机构的转让或者分支机构的一部分转让，也产生企业转制的法律后果。[①] 这是没有问题的。

另外，还出现过一种对企业的理解，是从经济活动（activité économique）的角度来理解的，认为企业首先是进行经济活动的。经济活动概念更加宽泛，导致劳务合同（contrat d'entreprise）的变更一度也被纳入到这一视野来看待，以至于最高法院的判例在一段时间内把失去市场（可理解为失去客户）也视为发生企业转让的法律后果，这实际上是很荒谬的。例如：一个企业和第一家保洁公司订立劳务合同，由保洁公司的员工来负责企业的清洁，后来企业不满意派来的保洁员的服务，解除了该劳务合同，就与第二家保洁公司订立了劳务合同，按照最高法院社会庭当时的判例，第二家保洁公司必须接受第一家保洁公司的那名保洁员作为自己的雇员。[②] 事实证明，这些案例把企业和市场相混淆，从而使这一规则的适用范围有所扩大，是不合理的。[③]

2. 后期，把转让的对象界定为经济性实体（entité économique）

最高法院社会庭在 1985 年 11 月 15 日的 Nova 案例中纠正了上述不合理的判例，明确提出："仅仅是失去了市场不足以引起个人劳动合同发生转移。"[④] 此后不久，人们逐步认识到：引起雇主变更的事件，不是仅仅是由于工作发生了变化，而是一些有组织的内容整体的变更，由于雇员个人的工作和这些内容一体紧密相连，当这些内容作为一体发生了变更时，雇员个人的劳动合同才相应地发生转移。[⑤] 根据 E. Dockès 教授的介绍，此时，为了避免使用"企业"（entreprise）这个模糊、容易引起争议的术语，人们选择了"经济性实体"（entité économique）这个概念来表达一些有组织的内容一体的含义，个人劳动合同是与这个"经济实体"相联系的，所以，当"经济实体"发生了转让时，雇员个人的劳动合同也就应当随之而发生转移——即在新的雇主和该雇员之间

① Jean Pélissier, Alain Supiot, Antoine Jeammaud 著：《劳动法》，达鲁兹出版社 Dollez，2008 年，第 24 版，第 483 页。

② 最高法院社会庭 1978 年 2 月 15 日和 11 月 30 日的判决，《达鲁兹》（Dalloz）杂志，1979 年，第 277 页。

③ Jean Pélissier, Alain Supiot, Antoine Jeammaud 著：《劳动法》，达鲁兹出版社 Dollez，2008 年，第 24 版，第 483 页。Emmannuel Dockès 著《劳动法》（Droit du travail），达鲁兹出版社（Dalloz），2008 年，第 333 页。

④ 载于《民法判例第五卷》（Bull. civ. V）1985 年第 7 号。

⑤ Emmannuel Dockès 著《劳动法》（Droit du travail），达鲁兹出版社（Dalloz），2008 年，第 333 页。

继续有效。①

欧盟2001年3月12日的条例（2001/23/CE）第1条1b对这样一个与劳动合同密切相联系的“实体”定义如下：“是一个经济实体，其继续保有身份，并作为由众多条件和手段组成的有机整体出现，目的是为了进行某项经济活动的，不论该经济活动是基础性的还是附属性的。”因此，转让不仅仅涉及工作/岗位，而且更要涉及到一系列的条件和手段，这不仅指有体物（机器、车辆、地点等），也包括无体物（商标、专利、客户名单、租赁权等）。“继续保有身份”是指转让后，该经济实体仍然具有身份上的连续性，即经营同样的或者同类的经济活动、在工作方式方法和地点等方面也保有一定的连贯性。

当一个企业或者实体在转让之后具备了这些要素时，就认为一个经济实体发生了欧盟条例所指的“转让（transfert）”，那么，此时，个人劳动合同也就发生转移即对新雇主继续生效。因此，在考察一个经济实体是否发生了所指的转让时，欧盟条例确定的上述要素一般都应该同时具备，但是，由于企业重组的复杂性，企业种类的不同，所以，对于具体情形也会有不同的侧重点。例如，对于依赖机器的企业，机器的转让就是一个关键要素；而对于依靠人力资源运作的企业，如保洁公司，物质工具就不构成转让的核心要素，重要的是劳动力的转让。所以，不能简单地从工作的手段和条件方面来判断是否发生了企业或者经济实体的转让。

（二）适用的标准及其判断

上述判例和欧盟立法说明，转让的对象是一个经济性的实体，该实体是人员、物质条件和其他权利等要素组成的一个有机整体，而且，在转让之后，该实体仍然与之前一样保持其原有身份，仍然从事一样或者类似的活动，即属于“同一个经济性实体的继续”，也就是属于该项规则的适用范围。

从法国《劳动法典》法律卷第1224－1条的规定看，“劳动合同继续有效”规则的前提是，“当雇主发生法律地位的变更时”，也就是说仅仅是变更了雇主，企业作为一个经济性的实体，在其他方面都没有变化。

因此，在转让前后，考察是否“存在同一个经济性实体的继续”就成为判断是否适用“劳动合同继续有效”规则的标准。

而判断是否“存在同一个经济性实体的继续”，需要从两个方面来具体考

① Emmannuel Dockès 著《劳动法》（Droit du travail），达鲁兹出版社（Dalloz），2008年，第333页。

察。一是，要求雇主变更之后，企业仍然维持其经济活动（maintien de l'activité économique）；二是，仍然维持其身份（maintien de l'identité）。

1. 对“维持其经济活动”（maintien de l'activité économique）的理解和适用

对此，最高法院的司法判例从宽松的角度来理解和适用。它认为即使是在转让之后的几个星期内或者几个月内，经济活动有所中断，第1224－1条所不确立的这一规则也应当适用；但是，它认为，如果受让人在转让之后立即改变了经济活动，即使只是部分地改变，则该规则就不再适用。① 对于最高法院上述意见中的后半段，有学者认为这对雇员来说是很危险的，即受让人在转让后立即改变经济活动就排除了对该规则的适用，这种态度容易促使企业的受让人为了逃避法律对雇员的保护而毫不耽误地对经营活动进行一些转型。②

2. 对“维持其身份”（maintien de l'identité）的理解和适用

由不同的主体从事同样的经营活动，不一定用的是同样的身份。如何理解“维持其身份”？

首先，经营主体性质上的差别是否能构成“维持其身份”。

最高法院判例的态度一开始是截然地把公法和私法领域区分开来看待，认为经营主体的性质不得改变，才是“维持其身份”。后来在欧盟判例的影响下，才开始了扭转。

最高法院在上世纪八九十年代一段时间的判例认为，如果转让后的经营主体从私法领域转换到了公法领域，那么，这样一个经济性实体就丢掉其原来的身份，这时，劳动合同继续有效的规则就不再适用，经济性实体的反向改变亦然。因此，一个匿名公司经营的诊所转让给一个医疗中心，而该中心属于公共机构，这样的转让就不适用劳动合同继续有效的规则；一家公司把其经营的校后接送服务转让给了一家公共服务性质的市政服务机构，这样的转让也不适用第1224－1条劳动合同继续有效的规则。③ 同理，一家公共机构经营的剧院

---

① 涉及多个判决，其中包括最高法院社会庭1990年6月13日和1990年12月12日的判决，分别载于《社会法判例杂志》1990年第554号和《民事判例第五卷》1990年第652号。

② Jean Pélissier, Alain Supiot, Antoine Jeammaud 著：《劳动法》，达鲁兹出版社 Dollez，2008年，第24版，第488页。

③ 最高法院社会庭1980年2月7日判决，《民事判例第五卷》1980年第115号；1989年10月24日的判决，《民事判例第五卷》1989年第609号；1985年10月2日的判决，《民事判例第五卷》1985年第42号；1995年7月10日，《社会法判例杂志》1995年第866号。

转让给了一家私营性质的协会，这时也不适用第 1224－1 条。① 因此，一家私法上的机构接手了一项行政性的公共服务，也不构成保持身份的经济性实体的转让。②

在对待经济活动由私法主体转让给了公法上的主体的态度方面，在是否适用劳动合同继续有效规则上，欧盟立法和欧盟判例的态度则与此国内法制例的态度截然不同。欧盟 2001 年的条例第 1 条 1c 规定：所指的企业转让适用于从事经济活动的公营企业和私营企业，不论是否以盈利为目的；排除在适用范围以外的是：公共行政机构的行政性重组或者在公共机构之间进行的行政职能的转换。为此，欧盟判例指出：经济活动从一个私法上的法人转换给了公法上的法人，属于 2001 年条例的适用范围（即雇员的劳动合同继续有效），尽管该公法法人是按照行政法上的特殊规则行事的。③

因此，作为欧盟成员国的法国不能违反欧盟法，在对第 1224－1 条的解释上（该条是对条例的落实），最高法院不得做出在“维持其身份”上的限制性适用。为此，最高法院社会庭从 2002 年 6 月 25 日的三个判决开始纠正以前适用范围上的限制性态度：例如，其中一个案件涉及的是一个公营性质的医院接手了一家私营诊所，Anger 市上诉法院认为这一转让不存在身份的维持，但是最高法院社会庭否定了该上诉法院的判决，认为应当适用第 1224－1 条关于劳动合同继续有效的规则，即诊所雇员的劳动合同应当对接手的医院有效。④ 此外，法国还通过立法来适应欧盟法的要求。2005 年 7 月 26 日的法律规定了多项措施来落实欧盟 2001 年条例的内容。例如，第 20 条规定：在公共行政范围内，公共机构作为受让人接手一个经济性实体时，该机构应当向雇员建议一份公法上的合同，该合同应当保持原来劳动合同的一些实质性条款，如果雇员拒绝接受时这份合同，该受让人就可以依照劳动法的规定解雇雇员。

关于反向转让，即经济活动由公共机构转让给了私法法人，这时，欧盟 2001 年条例和法国《劳动法典》法律卷第 1224－1 条也当然适用，只不过这里要考查的是那些不属于劳动法上的“雇员”身份的人，例如公务员、公职人员，他们则不能援引欧盟条例，在法国，则不能援引《劳动法典》法律卷

---

① 最高法院社会庭 1995 年 12 月 1 日，《社会法判例杂志》（RJS）1996 年第 1 期第 6 号。

② Jean Pélissier，Alain Supiot，Antoine Jeammaud 著：《劳动法》，达鲁兹出版社 Dollez，2008 年，第 24 版，第 489 页。

③ 欧盟法院 2000 年 9 月 26 日 Mayeur 案例，《社会法判例杂志》（RJS）2001 年第 1 期第 138 号。

④ 《社会法判例杂志》（RJS）2002 年第 10 期第 1078 号。

第1224－1条来主张权利，因为不论是欧盟2001年条例还是法国《劳动法典》法律卷第1224－1条，都是适用于劳动者是雇员身份的人，不适用公职人员。

其次，对经营地点、条件和方法的改变是否构成“维持其身份”。

对此，最高法院社会庭通过多个判决认为：一个经济性实体的受让人从事该实体转让前同样的经营活动，但是在不同的地点、用不同的生产方法，或者用不同的物质材料生产，就是在经营一个新的经济性实体，不存在同一个经济性实体的继续。当开展经济活动的条件被彻底改变时，经济性实体即失去其身份，因而，不能适用法律卷第1224－1条关于劳动合同继续有效的规则。例如，一个企业的食堂转让后，改为从外面定做已经加工好的饭菜，而食堂在转让前，其原雇主是雇佣厨师做饭做菜来经营食堂的，如此转让，也是没有维持同一个经济性实体，因而，不适用法律卷第1224－1条。① 再如，一家处理家庭垃圾的工厂，转让前雇主利用高温分解技术生产出水蒸气供工业使用，转让后，受让人即新雇主把原来的设备改造成焚烧工厂所用的设备，生产出热水供城市暖气供水，最高法院认为，虽然前后两家工厂都是处理家庭垃圾的，但是，却采用不同的技术手段，因此，被认为是两个经济性实体，所以，转让后的经济性实体不构成对前者的维持，即不存在同一个经济性实体的继续，所以，也不适用法律卷第1224－1条，即前面工厂雇员的劳动合同对受让人没有效力，新雇主可以不接收老雇员。②

（三）适用的前提之二——转让时，劳动合同的有效存在

一个经济性实体发生了符合上述标准的转让后，新的雇主就必须接受在转让之日存在的劳动合同，要受其约束。那么，如果看待转让之前和之后的劳动合同呢？和新的雇主有何关系呢？

1. 转让前已经解除了的劳动合同

如果在转让之前，劳动合同已经解除，就对新的雇主没有约束力。如果在转让前，雇员提出辞职，而且辞职的理由与转让无关，那么，这份劳动合同就解除了，和转让后新的雇主毫无关系了；如果原来的雇主解雇某员工要遵守预告期，而该预告期必须一直延续到转让之后，这时，该预告期就继续在新的雇主负责的情况下继续进行，直到预告期满，该雇员被解雇。

---

① 最高法院社会庭1983年7月5日的判决，《社会法》（Droit social）1984年第1期第99页。

② 最高法院社会庭1983年10月18日的判决，《民事判例第五卷》1983年第503号。转引自Jean Pélissier, Alain Supiot, Antoine Jeammaud著：《劳动法》，达鲁兹出版社Dollez，2008年，第24版，第491页。

如果转让前雇主为了逃避适用第1224－1条关于劳动合同继续有效的规则而解雇雇员，那么这一解雇是无效的，劳动合同得以和新雇主继续履行。如果新雇主拒绝接受被如此非法解雇的雇员，那么，原来的雇员和新雇主都要被判决承担对该雇员造成的损失，即使前后两个雇主之间没有恶意通谋。① 如果新雇主在解雇预告期期满之前，通知被非法解雇的雇员继续来工作、继续履行以前的劳动合同，那么，该劳动者就不能主张被非法解雇了，如果他拒绝了新雇主的建议，他就不能得到任何赔偿，包括也不能起诉原来雇主来赔偿他的损失，他就被视为是辞职。②

2. 转让后与原来雇员订立的劳动合同

对此，学者们在总结判决结果后，认为：转让后，如果新的雇主雇佣了在转让前不久被解除劳动合同的原来的雇员，或者在转让前不久辞职的雇员，这样，这些雇员又重新回到了这个企业工作，那么，解雇和辞职行为都不能阻止第1224－1条对他们的适用；而且，由于前面雇主的解雇行为实际上对于雇员没有造成实际结果，所以，该雇员就不能再向原来的雇员主张解雇补偿金了，当然，雇员也仍然享有以前在原来雇主之下工作的工龄及其待遇。③

三、“企业转让下劳动合同继续有效”规则的适用方法

1. 自动和强制适用

在转让之日，所有有效存在的劳动合同都自动地转让给了新的雇主，从另一个角度说，就是劳动合同继续有效。这一规则具有强制性和自动适用性。原来的雇主和新的雇主不得达成协议来抵制这一法律规定的规则。那么，雇员是否能反对呢？对此，学界曾经进行过争论，存在着意见分歧。少数学者认为，应当赋予雇员反对将自己的劳动合同转让给新的雇主的权利。④ 但是，大多数意见认为，这一规则是为了保护雇员的，不能赋予雇员反对劳动合同转让的权利。如果雇员不愿意在新的雇主之下工作，他可以辞职。

---

① 最高法院社会庭2005年4月12日的判决，《社会法判例杂志》（RJS）2005年第6期第603号。

② 最高法院社会庭2003年3月11日的判决和2007年10月25日的判决，分别载于《民事判例第五卷》2003年第86号和《社会法判例杂志》（RJS）2008年第1期第12号。

③ Jean Pélissier, Alain Supiot, Antoine Jeammaud 著：《劳动法》，达鲁兹出版社 Dollez，2008年，第24版，第493页。

④ Jean Pélissier, Alain Supiot, Antoine Jeammaud 著：《劳动法》，达鲁兹出版社 Dollez，2008年，第24版，第494页。

自动和强制适用也有一些限制。当出让人、转让人（即原来雇主和新雇主）和雇员三方达成协议，约定雇员继续为出让人工作。这样的协议是有效的。

自动和强制适用的方法还表现在，新雇主和雇员都不得利用转让之机向对方提出对劳动合同进行变更或者新的要求。如果雇员接受新雇主就劳动合同实质内容所作的变更，该接受也是无效的，如果雇员拒绝新雇主提出的修改劳动合同实质内容的建议，新雇主因此而解雇该员工，那么这一解雇就构成非法解雇。

2. 劳动合同的履行

转让后，与转让有关的雇员的劳动合同如同没有任何变化一样照样履行。雇员的工龄得以继续计算。新的雇主行使法律规定的雇主的所有权利和义务；对于与转让有关的雇员，还要承担原来雇主未完成的法定义务，例如，未发放的工资、带薪休假津贴等等。

“劳动合同继续有效”这一规则涉及到的权利是合同性的权利，即劳动合同中约定的雇员的权利都对新雇主有约束力。原来企业适用的集体合同/集体协议只能在转让后的一年内对原来的雇员有效，因为，法律规定，一年以后，新的雇主应当组织集体谈判订立新的集体合同。如果一年以后，还没有新的集体合同来替代旧的，与转让有关的雇员还可以援引根据旧的集体合同/集体协议主张属于雇员既得的待遇和好处。

第十章

劳动合同的中止

工作岗位的重要性和就业市场的压力促使了人们越来越多地使用中止这一技术，使劳动合同暂时不履行，来实现不失去工作、又能暂时满足个人的需求。最初，劳动合同中止是由法律规定的，后来集体合同也可以规定劳动合同中止发生的情形。

第一节　关于劳动合同中止的理论

一、劳动合同中止的概念

1. 劳动合同中止的含义

劳动合同中止，即劳动合同暂时停止履行。多种原因可以引起劳动合同中止，例如，生病、罢工、休产假等等。原因的多样性就造成给劳动合同中止下定义有难度，每个学者都有自己的劳动合同中止的定义，但又都不是最全面和准确的。例如，有学者提出：劳动合同中止是指临时地不可能履行劳动合同义务。但是，这一定义又不能包括因为罢工而引起的劳动合同中止，因为罢工并不说明劳动者处于不可能工作的状态。有学者提出：劳动合同中止是劳动合同的即时中断，之后重新开始履行。实际上，这种表达也不能概括劳动合同中止的特点，因为，有的劳动合同中止之后的法律后果是劳动合同的解除。① 因此，应当谨慎地下宽泛的定义。有的学者认为：每当劳动者证明可以拒绝提供劳动而雇主不再提供工作之时，就存在劳动合同中止。

2. 劳动合同中止与劳动合同解除的关系

两者的关系因为中止的原因不同而有所不同。第一，某些情况下，劳动合

① 例如，停薪留职引起劳动合同中止，然而对员工代表的停薪留职之后就是解除其劳动合同。

同中止构成对劳动合同解除的阻碍，这时中止不仅保证雇员暂时地不履行劳动合同主要义务，而且，也阻止雇主以其他和中止无关的理由解除其劳动合同，例如，罢工人员的劳动合同中止和休产假雇员的劳动合同中止，就属于此类。第二，某些情况下，劳动合同中止实际上构成劳动合同解除的序曲。例如，对员工代表和工会代表的停薪留职引起劳动合同中止，但是，中止之后的结果是解除劳动合同。第三，某些情况下，劳动合同中止可以带来合同的继续履行，也可以引起劳动合同解除。例如，短期生病的雇员，其劳动合同因为休病假而中止，但是，如果其病假一直延续下去，雇主就可以以长期缺勤为由解除其劳动合同。

二、劳动合同中止对雇员权利义务的影响

1. 劳动合同中止与合同权利义务

劳动合同义务有主要义务与次要义务的区别，劳动合同中止只涉及主要义务，当事人只是暂时停止履行主要义务，即雇员暂停履行提供劳动合同的义务，雇主暂停支付工资的义务。但是，也并不尽然，有时根据法律或者集体合同的规定，雇员没有提供劳动合同，雇主也必须履行支付工资的义务，例如，很多集体合同的规定，雇主还得向生病的雇员支付工资和社会保障机构提供的病假津贴之间的差别；还有，对于年休假的雇员，法律规定雇主必须支付年休假期间的工资。

2. 劳动合同中止下的雇员与企业关系

劳动合同中止不影响雇员和企业的关系，雇员仍然计算为企业的在职人员，享有选择权和被选举权。对于员工代表来说，其在休假期间也有权行使职权，但是，根据最高法院的判决，如果他们被停薪留职，则不能再行使职权。

3. 劳动合同中止与雇员工龄（ancienneté）的关系

首先要说明的是，法国法上的工龄实际上是指企业工龄，即雇员在某个企业工作的年限。实际上，市场经济下，雇员的工龄就是企业工龄。我国过去存在的总工龄、企业工龄等等区分，实际上具有计划经济时代的色彩。

雇员的工龄是计算雇员享受法定的和集体合同规定的很多权益的决定因素。例如，解除合同的预告期、解雇补偿金、员工代表的被选举权、病假假期，等等，都和雇员的企业工龄相关。

但是，针对不同的权益，工龄的含义和计算方式也有所不同。大多数情况下，工龄意味着雇员属于企业的时间长度，意味着雇员为企业工作付出了劳动，所以，正是从这意义上，法律规定了个人劳动合同解雇的程序要求和如何

计算解雇补偿金；同时，不论何种原因造成劳动合同中止，中止的期间不会对解雇补偿金的计算产生影响。

工龄还包含着继续服务/劳动（services continus）的意思，和实际劳动的含义相似。根据这一含义，来决定解雇预告期的长度和雇员是否有权享受解雇补偿金。在这一含义下计算这些权益时，劳动合同中止的期间应当从中扣除，不计算在此时的工龄之中。正是从企业工龄具有和实际劳动相类似的含义出发，法律有必要来区分不同原因的劳动合同中止，从而决定不同原因引起的劳动合同中止对雇员企业工龄计算的影响。例如，带薪休假权是根据工龄计算的，而带薪休假权的赋予是和雇员的实际劳动相联系的，所以，在决定和计算某一雇员是否享有带薪休假权时，其劳动合同中止的期间（如果有的话）就不能计算为工龄；而雇员因为休产假、工伤和职业病休假、培训假等而引起劳动合同中止，其中止的期间都计算为工龄，即都比照实际劳动来看待；再有，因为罢工、被停薪留职、非职业患病而引起劳动合同中止的，中止的期间也不能计算为工龄。

三、劳动合同中止原因的竞合

劳动合同中止的原因不同，不仅给雇员的工龄计算带来不同的影响，而且，也直接决定着雇员是否能够享受到某些权益。所以，当两种原因都出现在劳动合同中止过程中时，就要决定劳动合同中止的真正原因，并决定雇员享有怎样的权利。例如，罢工雇员在罢工期间生病了，是把他看作罢工人员还是患病雇员？还有，雇员在度带薪年休假期间生病住院了，那么看作他是休年假还是休病假？

对此，最高法院通常采用时间顺序标准来看待：时间顺序上出现的第一个原因是造成雇员暂时不能履行劳动的原因；之后出现的第二个原因只有当第一个原因不再存在时，才能构成劳动合同中止的原因。① 这样，罢工雇员在罢工期间生病了，他被看作是罢工人员，直到罢工结束；因为其生病而中止劳动合同只能从罢工结束后的第一天开始算作。

然而，学界并不认可最高法院的这一解决竞合的办法。权威教材指出，这一标准过于简单，既缺乏法律基础，也不能兼顾现有法律规范，而且也不能简

① Jean Pélissier, Alain Supiot, Antoine Jeammaud 著：《劳动法》，达鲁兹出版社 Dollez，2008 年，第 24 版，第 504 页。

化问题的解决。① 学者们认为，应当分析这些引起中止的原因是否是独立存在的、是否是相互影响的。例如，对于罢工期间生病的雇员来说，很难说罢工和患病产生竞合；虽然罢工是引起劳动合同中止的原因，但是，进行罢工并不是仅仅停止工作而已，还必须有主观上停止工作的意愿；而患病了的罢工雇员就不能再工作了，从他生病之日起，他停止工作就不是自愿的了，他实际上是在忍受病痛；这时，患病不是另一个引起劳动合同中止的原因，而是一种事实，使得雇员不再参加罢工，也同时终结了引起劳动合同中止的最初原因，即从他生病之日起，劳动合同中止的原因是患病，因此，患病雇员有权得到集体合同规定的患病津贴，不论患病的日期是在罢工开始以前还是开始以后。

第二节　引起劳动合同中止的主要原因

在众多引起劳动合同中止的原因中，休产假和患病是两项主要的原因。

一、休产假引起的劳动合同中止

《劳动法典》中很有多条文保护妇女的生育。例如，招聘启事或任何形式的公开招工广告中都不得指明招聘对象的性别和家庭状况，招聘单位也不得以性别或家庭状况为由拒绝聘用（法律卷第 1142 -1 条）。在招聘和劳动合同履行方面，雇主不能因为妇女怀孕就拒绝招聘或在试用期解除劳动合同，或者调动岗位。禁止雇主打听或者让人打听关于女职工怀孕的信息（法律卷第 1225 -1 条）。女性应聘者如果怀孕也没有义务要告诉招聘方自己的怀孕信息，女职工没有义务告诉雇主自己的怀孕情况，除非是为了享受国家法律法规对女职工怀孕的特别保护待遇（法律卷第 1225 -2 条）。在发生招聘、解雇争议的情况下，雇主必须提供所有关于促使他作为拒绝招聘、解除合同或调岗决定的客观理由。如果存在证据上的疑问，法官应当站立有利于怀孕女工的立场（法律卷第 1225 -3 条）。

1. 劳动合同中止前开始部分免除履行劳动的义务

实际上，从妇女怀孕开始到孕妇生产前六周，法律就允许妇女享受劳动义务履行的部分免除，可以去进行相关的检查，而且，检查的时间计算为实际劳动时间，不影响工资。很多集体合同直接规定孕妇享受缩短的工时，例如每天

① Jean Pélissier，Alain Supiot，Antoine Jeammaud 著：《劳动法》，达鲁兹出版社 Dollez，2008 年，第 24 版，第 504 页。

缩短一个小时的工时。此外，根据孕妇家庭状况，如果需要，由孕妇自己提出或者雇主提出来调整其工作岗位，如果女工和雇主在这一点上意见不一致，则根据劳动医生（即企业医生）的鉴定意见来决定。这种情况的岗位变动仅仅是临时性的，一般不能超过怀孕期，而且一旦女工的身体状况允许就应当恢复其原来的岗位（法律卷第 1225 –7 条）。如果妇女从事夜间劳动，劳动鉴定医生书面意见证明夜间劳动不利于孕妇身体时，雇主必须把孕妇的工作调整为白天的工作（法律卷第 1225 –9 条）。最重要的是，雇主不得因为这些岗位的变动而降低孕妇的工资。

2. 产假期间全部不履行劳动义务

法律卷第 1225 –24 条明确规定："休产假引起劳动合同中止。雇员要通知雇主其缺勤的理由，和产假结束的日期。在雇员根据工龄享有权利方面，产假的期间类似于其实际劳动的时间。" 这里明确了劳动合同中止的时间是从开始享受产假开始，而且，产假的期间计算为工龄。

产假假期，正常的是 16 周（国际劳工组织公约规定的是 14 周，我国规定的是 90 天）：孕妇可以在预产期前 6 周到孩子出生后 10 周的时间内中止履行劳动合同，在有医院有利的证明时，这一中止时间可以从预产期前 3 周开始，结束时间也就相应地推后 3 周即到孩子出生后的第 13 周。多胞胎生产的，还有额外的 6 周产假。产假期间，女雇员享受社会保障机构发放的产假津贴。如果女雇员有一年以上的工龄，她在产假之后，孩子一岁以前，还可以享受父母教育假（congé parental d'éducation），一次最长为一年，期满还可以延长两次，期限最长为到孩子三岁以前的期限。这一假期是为了让母亲继续照顾孩子，假期期间没有工资，劳动合同发生中止，只是工龄计算不同于产假，其假期的一半时间计算为工龄。可以享受父母教育假的这段期间，女雇员也可以不采取休假的方式照顾孩子，而是采取申请缩短工时的方式，例如，由全日制工临时改为非全日制工。当然，无论是休父母教育假还是缩短工时都要取得雇主的同意。

产假结束，女雇员有权获得其休假前的岗位，如果恢复其岗位已属不可能了，雇主应当向其提供类似的岗位，而且劳动报酬也应当是相当水平的（法律卷第 1225 –25 条）。

因为休产假而中止劳动合同，该中止不应当给女雇员的劳动报酬带来任何不利影响，包括中止期间的工资增长。如果行业集体合同或者企业集体合同没有关于产假期间工资保障的具体规定，女雇员在中止期间的工资增长按照员工的个人平均水平来计算增长。

3. 禁止解雇孕期和产期的女雇员

法律规定禁止雇主解雇处于孕期、产假和产假后四周内的女雇员（法律卷第1225－4条）。这是一项原则，该原则只有两项例外。一是，在女雇员犯有严重过错时，雇主可以解雇，即使她在孕期或者产假，或者产假后四周内，但是，该严重过错必须是与孕情无关的严重过错。二是，由于与女雇员怀孕、休产假无关的其他原因，导致劳动合同无法继续履行时，雇主可以解雇孕期或产假中的女雇员。例如，由于企业遭遇不可抗力，或者企业关闭等情形下，不得不大规模地裁员，但经济性裁员不包括在此范围内，即经济性裁员不得裁减怀孕、休产期的女工。

违反上述禁止解雇规定的解雇都是无效解雇。无效解雇的法律后果在2003年前是雇主赔偿雇员的损失，不包括恢复工作。从2003年后，如果雇员提出恢复工作，那么法官才会判决恢复工作，如果雇员不提出恢复工作，那么，雇主就要向雇员赔偿工资损失、支付解雇补偿金和解雇预告期津贴，如果雇员还有其他损失，雇主也负有赔偿责任。

二、患病引起的劳动合同中止

1. 劳动合同中止时，雇员的义务

雇员患病时劳动合同发生中止，雇员被暂时免去履行提供劳动的义务。但是，他也仍然负有其他的义务。

第一，雇员由于患病不能到岗时，必须在缺勤的两天内告知雇主缺勤的原因和递交医生出具的病假条，需要延长病假时，也是如此。如果违反此规定，雇员的缺勤就构成解雇的正当理由。第二，患病休病假的雇员不得为其他雇主工作，否则，雇主也可以合法地解雇他，但是，无偿地、偶尔地进行一些活动则不能构成解雇的正当理由。关于雇员在生病期间能否进行其他活动、能否进行娱乐活动，如听音乐会、旅游，体育锻炼等，最高法院近年来的判决较为一致地认为，这些活动只要不能说明雇员为了休病假采取欺骗行为的话，也不能成为解雇的正当理由；但是，如果这些活动反映出雇员的身体状况并不妨碍他提供劳动时，那么，雇员休病假就构成对雇主的欺诈和不诚实，这时，雇主就有权合法解雇他，因为劳动合同中止期间，暂时停止的是提供劳动的行为，并不停止雇员对雇主的诚实义务。例如，一个机械师在休病假期间为他人提供有

偿维修车辆的服务，构成对雇主的不诚实，雇主有合法理由解雇他。①

2. 雇主的义务

雇主虽然不能要求雇员为其提供劳动，但是他还负有一定的支付义务。当雇员符合以下条件时，他有义务向患病雇员支付一定病假津贴：雇员有了三年以上的工龄、在48小时之内证明其患病的真实存在、属于社会保障覆盖范围，并且在欧盟范围内治病，此时，雇主要向雇员支付津贴作为雇员享受社会保障机构提供的病假津贴的补充，其数额前30天内相当于雇员正常劳动应得工资的90%；后30天内相当于该工资数额的三分之二（法律卷和条例卷第1226－1条）。雇主承担这一义务时，也有监督雇员的权利，他可以让劳动医生去患病的雇员家里了解病情状况，如果雇员拒绝这一调查，也不去上班，那么，雇主就可以停止发放这部分津贴，但是，雇主此时还不能解雇他。

3. 患病雇员与劳动合同的解除

如果患病雇员延长病假，或者反复请病假，雇主能否以此为理由解雇员工？法律卷第1132－1条规定："任何人都不得因为身体状况而被解雇，除非由劳动医生证明不能胜任时。"这一规定已经清楚地说明了，一般情况下患病不能成为解雇的理由。司法判例认为，当雇员总是延期病假或者反复请病假时，雇主要证明雇员反复患病或者延长病假已经严重影响了正常经营活动的组织和开展，这时，雇主就可以解雇该患病雇员。因此，这时的解雇必须以经营活动遭到破坏或者严重阻碍了正常的经营活动为理由，而不能仅仅以雇员延长病假为理由，因为延长病假本身不能构成解雇的合法理由——有实际的严肃的理由（cause réelle et sérieuse），而是其结果上对工作的影响才成为这一合法理由，雇主为此负有举证责任，他要证明工作受到了怎样的影响，证明必须另外招聘员工的必要性。

4. 职业病或工伤雇员与劳动合同的解除

雇员患职业病或者发生工伤时，其劳动合同也发生中止。在劳动合同中止期间，雇主不得解雇雇员，这是原则，否则，解雇就是无效解雇。无效解雇下，雇员可以在恢复工作和赔偿损失之间选择。如同对休产假雇员的规定一样，这一原则也有例外，当雇员有严重过错或者企业无法保证为其提供工作时，雇主可以解雇。

---

① 最高法院社会庭2003年10月21日的判决，《社会法判例杂志》（RJS）2003年第12期第1384号。

第十一章

无固定期限劳动合同的变更

劳动合同变更从合同法原法理上看，应当得到双方当事人的同意才合法有效，但是，在劳动合同履行过程中，会涉及到工作地点的变化、工作时间的改变，工作方法的变更，甚至，工作岗位的变更，对于这些变更，雇主是否都需要事先得到雇员的同意呢？如何确定雇主的指挥管理权和劳动合同变更的边界？处于隶属关系之下的雇员是否必须接受来自雇主关于工作方面的所有变动要求呢？这些问题较为复杂，直接涉及到雇主单方指挥权的行使、劳动合同变更的界定和变更的法律后果。

需要说明的是，这里的合同变更是针对无固定期限劳动合同的，因为固定期限劳动合同的期限受到严格限制，是较短的，不存在变更问题。

第一节　劳动合同变更的界定

劳动合同的权威和雇主的指挥管理权这两者之间会产生矛盾，这对矛盾最典型地体现在劳动合同变更方面。法国劳动法上关于劳动合同变更的规则完全是由司法判例建立起来的，该类司法判例统一了一个逐步认识和趋向完善的过程。

一、劳动合同变更及其相关概念辨析

1. 劳动合同的变更不同于劳动合同变更建议

劳动合同变更是经过双方当事人同意后对原来的劳动合同进行相应内容的变化，是双方当事人对新的内容重新达成合意，这样合同就按照变更后的内容来继续履行。而劳动合同变更建议，仅仅是一方当事人提出和对方商量进行变更的一个想法，还仅仅处于变更的第一个阶段，尚没有得到对方的同意，因此，不发生变更的法律后果。如果一方在提出变更建议后，还没有收到对方同意的答复，就独自按照变更的内容来履行，则不发生变更的后果，即不能要求

对方接受自己单方的变更。如果对方虽然没有用语言明确答复变更的建议，但是他的实际行动已经说明了他同意变更，这时，就发生变更的法律后果。例如，雇主建议雇员调岗，但是，几天后，雇员主动在某一岗位上做工作了，就表明雇员已经同意了变更岗位。但是，对于这种方式要谨慎，推断雇员的同意不能有任何模糊的痕迹。

2. 劳动合同的变更与雇员集体身份地位的变更或终止

集体合同的变更或者终止、企业或者行业惯例的变更等劳动合同以外的这些涉及到雇员整体、集体的规范的变化，也会直接影响到雇员各方面的劳动待遇。雇员根据这些涉及整体的规范得到了一种集体地位和身份（statut collectif），即成为这些集体的组成部分，并享有这些规范所提供的权益。最高法院提出了一项规则——雇员的集体身份和地位（所确认的待遇）不作为雇员个人劳动合同的组成部分（non-incorporation du statut collectif au contrat de travail）。也就是说，集体合同的变更或者终止、企业或者行业惯例的变化不能直接引起劳动合同的变更。集体合同、惯例有自己的成立、变更规则，不需要得到雇员个人的同意；而集体合同或者惯例内容的变化没有雇员个人的同意就不得影响其劳动合同的内容和履行。

二、界定劳动合同变更的司法判例及其演变

《劳动法典》没有对劳动合同变更进行定义和规定，劳动合同变更方面的规则是在依据合同法原理下、由司法判例建立起来的。几十年来，司法判例经历了一个重要的演变过程。

1. 旧标准：区分劳动合同的主要变更和次要变更

20 世纪 80 年代中期，最高法院的司法判例①区别劳动合同的主要变更（modification substantielle）和次要变更（modification non substantielle）。属于劳动合同主要变更的，必须取得双方当事人的同意；属于次要变更的，雇主单方有权变更。一般认为，劳动合同的主要变更就是对劳动合同最基本要素（élement essentiel）的变更，要得到双方的同意；不属于劳动合同最基本要素的变更就属于次要变更，不需要得到双方的同意。这一立场不同于合同法一般原理。合同法一般原理则是，只要是合同内容的变更都应当得到双方的同意。

---

① 典型判例是最高法院社会庭 1987 年 10 月 8 日的一项判决，载于 Jean Pélissier，Antoine Lyon-Caen，Antoine Jeammaud，Emmanuel Dockès 著：《劳动法重大案例汇编》（Grands arrêts du droit du travail）达鲁兹出版社（Dalloz）2008 年第 4 版，第 49 号案例，第 263 页。

如何具体地确定一项变更是属于劳动合同的主要变更还是次要变更呢？对此，最高法院也没有一个清单，而是具体案件具体分析。

首先，根据劳动合同明确约定的条款和具体案情来决定。例如，如果劳动合同中如果约定了工作地点变动条款（clause de mobilité），那么，雇主把雇员从里昂调到波尔多工作，就不属于主要变更，而是次要变更，雇员必须接受。

其次，如果劳动合同中没有明确涉及变更的事项，法官就要尽可能寻求双方隐含的意愿来决定，例如，如果一项措施一直都在实施，法官就倾向于认为这一措施反映了双方共同的意愿，就具有合同的要素，雇主不得单方变更。

最后，司法判例认为，劳动合同的主要变更必须是“重要的”变更，而如何确定什么是“重要的”，也是由法官根据具体案情来判断。

这样的区分标准一直沿用了十年。鉴于这种分类带来很大的不确定性，最高法院在 1996 年通过了一系列判决①改变了这种做法，放弃了以劳动合同主要变更和次要变更为标准，代之以新的、更加科学合理一些的区分标准。

2. 新标准：区分劳动合同的变更和劳动条件的变更

最高法院社会庭提出，在判断劳动合同变更方面，要区分是属于劳动合同的变更，还是属于劳动条件的变更，以此为标准，来确定哪些事项属于雇主可以单方变更的，哪些事项必须得到雇员同意后才可以变更的。②

在关于旧标准第一个案例 1987 年 10 月 8 日的案例中，最高法院运用一个形容词“主要的”（substantielle）来确定哪些属于劳动合同范畴内的事项，必须得到雇员的同意才能变更。而在第一个新标准的案例 1996 年 7 月 10 日的案例中，最高法院不再借鉴形容词来修饰劳动合同的变更，而是在“劳动合同变更”（modification du contrat de travail）之外，引进了“劳动条件的变更”（modification des conditions de travail）这一用语，来确定单方变更和双方变更的范畴。属于劳动合同的变更就要得到雇员的同意，而劳动条件的变更“是雇主在行使指挥管理权力范围内决定的”，不需要得到雇员的同意。

老标准不具有确定性，新标准也并非没有问题。与此相关的一个基本问题就是，没有书面劳动合同时，如何知道，哪些事项属于劳动合同的范畴？对于

---

① 典型判例是最高法院社会庭 1996 年 7 月 10 日 Raquin 的判决，载于 Jean Pélissier，Antoine Lyon-Caen，Antoine Jeammaud，Emmanuel Dockès 著：《劳动法重大案例汇编》（Grands arrêts du droit du travail）达鲁兹出版社（Dalloz）2008 年第 4 版，第 50 号案例，第 264 页。

② Jean Pélissier，Alain Supiot，Antoine Jeammaud 著：《劳动法》，达鲁兹出版社 Dollez，2008 年，第 24 版，第 751 页。

无固定期限劳动合同，法律并没有要求订立书面劳动合同，欧盟1991年10月14日的条例（91/533）虽然要求成员国通过国内法明确雇主有义务书面告知劳动关系的主要信息，但是，这一条例也不可能达到明确所有劳动合同事项的目的。哪些属于劳动合同范畴的内容，最高法院既然不是立法机关，就不可能提出一份详细的清单，也只能是就具体案件进行具体分析。

三、司法判例的经验总结

哪些事项属于劳动合同的变更，需要双方当事人同意，对此，最高法院虽然不能列举清单，但是，通过十多年来的个案分析，也总结出了一个大概的轮廓。

1. 关于劳动报酬

这一项是最确定的，“劳动报酬构成劳动合同的一个因素，没有雇员的同意不得变更。”① 即使是很小的变更，也不能单方进行。另外，对于执行职务所用的住房等重大福利待遇的取消，也等同于劳动合同的变更。② 如果劳动报酬不是由劳动合同约定的，而是直接适用集体合同或者集体协议的规定，集体合同或者集体协议对工资改变了，那么是不需要得到雇员同意的。③

2. 关于职务的变更

这也视为劳动合同的变更，即使不会引起工资的降低。但是，如果雇主给雇员新增加了工作任务，该任务也属于其职务范围内的，这一变更就不属于合同变更。

关于降职的问题，最高法院社会庭在多年的犹豫之后，终于在1998年6月16日 Htel Le Berry 案件④中确定了立场——作为纪律处罚的降职也属于劳动合同的变更，雇主不得强迫雇员接受，雇主必须重新采取别的、不涉及到合

---

① 最高法院社会庭1998年1月28日、3月3日、5月19日的判决，《民法判例汇编第五卷》）(Bull. civ. V) 1998年第40号、109号和205号案例。

② 最高法院社会庭2007年11月14日的判决，《判例分类期刊》(JCP) 2008年第1078页。

③ François Gaudu 著：《劳动法》(Droit du travail)，达鲁兹（Dalloz）出版社，2007年第2版(2e édition)，第167页。

④ Jean Pélissier, Antoine Lyon-Caen, Antoine Jeammaud, Emmanuel Dockès 著：《劳动法重大案例汇编》(Grands arrêts du droit du travail) 达鲁兹出版社（Dalloz）2008年第4版，第67号案例，第319页。

在这个案例中，Htel Le Berry 宾馆雇佣一个女雇员，职务是宾馆经理，四年后，宾馆雇主经过面谈后，书面通知她，被调到负责接待的岗位，女雇员拒绝接受这一处罚，雇主于是把她解雇了。在这个案例中，最高法院指出，涉及到合同变更的纪律处罚，雇员都有权拒绝，雇主这时应当换一种处罚措施。如果雇主因此解雇，法官要审查，解雇所援引的理由是否是合法的，即“实际的和严重的”。

同变更的处罚措施。根据最高法院的这一立场，雇员可以拒绝雇主的惩罚，如果处罚带来劳动合同的变更。这一观点受到很多学者的质疑。① 最高法院的这一立场，实际上把合同的地位放在了高于雇主惩罚权的位置，强调合同的效力，雇主的惩罚权必须服从合同，因为雇主的这一权力也来自合同，所以，应当尊重合同。反对意见为雇主的处罚权辩护，认为应当从法律、事实或者性质等方面确认雇主惩罚的权力，否认雇主的这一权力来自合同的赋予，其享有这一权力是独立于从属关系的，因而应当高于合同。这里的争论实际上涉及到，在法国和欧洲大陆国家历史上流行过的、关于劳动关系的自由主义学派和专制主义学派之间的对立：最高法院的立场可以看作是自由主义学派的，强调合同当事人的自由意志和合同的效力；而反对意见则主要是"企业-组织"论观点的持有人，认为作为一个组织的企业拥有共同的利益，共同利益的实现高于个人利益，企业主自然地、事实上就获得了指挥管理权，包括处罚权。

3. 关于工作时间和工时的变更

这也属于劳动合同的变更，因为通常它会引起劳动报酬的变化。所以，工作时间的增加或减少白班夜班变更要得到雇员的同意。但是，根据《劳动法典》法律卷第 3122－37 条，如果夜班工作与雇员的家庭义务相冲突时，特别是雇员要照顾孩子或其他依赖于其家庭成员时，其可以拒绝做夜班，该拒绝不构成过错或解雇的理由。但是，一个工作日内工时的改变，对工时进行重新安排，就不属于合同变更，而属于劳动条件的变更。

4. 关于工作地点的变更

关于这一项内容，在 1996 年之前和之后至今，都一直是一个难以确定的事项。1996 年以前的判例把工作地点的变更和家庭住址联系起来考虑，如果工作地点改变不大或者雇主提供了交通条件的，这一变更不属于主要变更，即不需要得到雇员的同意。从 1998 年之后的判例，提出要客观地分析工作地点的变更，并提出了一个新概念"地理区域"（secteur gēographique），认为，如果在同一个"地理区域"内岗位地点的变化就不属于合同的变更。但是，最高法院也没有、实际上也不太可能定义"地理区域"。所以，对此判断也仍然难以确定。同时，最高法院社会庭判例认为，工作地点事项在劳动合同内容中属于信息性的事项，只要没有特别约定，地点变动又是在同一个"地理区域"

---

① Emmanuel Dockès 著：《劳动法》（droit du travail）达鲁兹出版社（Dalloz）2008 年，第 126－127 页。

内的，都属于劳动条件的变更。① 如果当事人在劳动合同中有类似“只在某个地点工作”的表述，这时雇主就不得单方变更其工作地点。

5. 关于合同期限的变更，需要双方同意。

四、关于书面劳动合同载明事项的分类

在最高法院社会庭看来，并非写在书面劳动合同中的所有事项都需要得到双方同意才可以变更，其司法判例认为，劳动合同的内容有“合同性”（contractuel）（即需要和议的）和“信息性”（informative）之分。属于“合同性”的事项不得单方变更；而属于“信息性”的事项可以单方变更。职务、劳动报酬、福利待遇、工作时间都属于“合同性”的内容，而工作地点则属于“信息性”内容。

最高法院社会庭对劳动合同内容的这一分类受到学界的猛烈批评。②反对意见认为，这种分类，用歧视的眼光看待工作地点这一直接参加劳动关系建立和实施的重要因素（相对于工作职务、劳动报酬等因素），而且，截然割裂了合同的范畴和雇主指挥管理权的范畴。这种思路是值得商榷的。例如，作为纪律处罚的降职，一方面是雇主行使指挥管理权，同时它也由此带来劳动合同的变更，那么，可不可以说，降职即属于合同变更的范畴，也属于劳动条件的变更呢？因此，这些学者认为，最高法院社会庭判例引入的新标准也并不是非常科学的，不能确保司法安全。

第二节　劳动合同变更的法律后果

雇员是否接受劳动合同变更以及雇主对于雇员拒绝接受的反应和处理不同，都会带来不同的法律后果。

一、雇员接受或拒绝劳动合同变更及其法律后果

1. 雇员接受劳动合同变更的建议

劳动合同的变更，不论其原因是什么——雇员不适应岗位、患病后身体能力下降、企业重组、作为对雇员过错的处罚措施的调岗、降职、等等——都必

---

① Jean Pélissier, Alain Supiot, Antoine Jeammaud 著：《劳动法》（Droit du travail），达鲁兹出版社（Dollez），2008 年，第 24 版，第 757 页。

② Jean Pélissier, Alain Supiot, Antoine Jeammaud 著：《劳动法》（Droit du travail），达鲁兹出版社（Dollez），2008 年，第 24 版，第 757 页。

须得到雇员的同意。雇主的变更只能是一个建议，雇员同意变更才产生法律效果。

如果不存在因为经济理由的变更，雇员这一同意态度必须有证据证明，即使少数情况下可以是默示方式，也不得留下任何模棱两可的空间。如果雇员已经明确表示拒绝接受变更建议，但是他照样来上班，这时雇主不能认为雇员同意了变更的建议。这时，如果雇主想解雇他，就必须遵守解雇的程序，或者想处罚他，也必须遵守处罚的程序。

关于雇员同意意见的规定上，法律关于因为经济理由而带来的变更的规定上有所不同。如果雇主因为经济理由而提出变更劳动合同，他要用挂号信附带接收回执的方式通知雇员变更劳动合同，雇员自收到之日起的一个月内回复雇主是否接受变更，如果回复期经过，雇员没有回复，雇员的态度就被推定为同意变更（法律卷第 1222 –6 条）。

2. 雇员拒绝劳动合同变更的建议

根据《民法典》第 1134 条，雇员有权行使合同赋予的自由，即拒绝雇主提出的劳动合同变更建议。拒绝后，雇员和雇主都必须继续履行劳动合同。如果雇主因为雇员的拒绝想解雇他，必须遵守解雇程序，而且必须有拒绝之外的其他理由来解雇他，否则就是不当解雇。如果在雇员拒绝接受变更建议后，雇主不认真继续履行劳动合同，如在发放工资、提供劳动条件等方面，都存在违法行为，这时雇员可以起诉雇主，维护其合法权益。

3. 雇主提出解雇

雇员拒绝雇主提出的劳动合同变更建议，只要该拒绝不属于雇员滥用合同的自由，也就是说，在正常的情况下进行拒绝，这一拒绝不能成为固定期限劳动合同提前了结（rupture anticipée）（即解除）的理由，也就不能构成解雇（licenciement）的理由。注意，法国法在劳动合同解除上，对于固定期限劳动合同和无固定期限劳动合同的用语有区别，对于固定期限劳动合同不使用 licenciement 解雇这个词，而是使用 rupture anticipée 提前撕毁、提前了结（解除），因为它认为固定期限劳动合同一般双方都必须履行合同直到合同期限届满，少数法定情形下，才允许 rupture anticipée 提前撕毁、提前了结（解除）；而法律关于 licenciement 解雇的规定都是针对无固定期限劳动合同的。

雇主可以在雇员拒绝变更建议后解雇他，但是，不得以此为解雇理由，如果以此为解雇理由，该解雇属于无效解雇（不同于不当解雇），因为解雇构成对合同自由的侵犯。雇主以与拒绝无关的其他理由解雇雇员，或者因为其个人

行为上的其他过错、或者因为经济理由解雇，都必须遵守法律规定的程序要件、实质要件和解雇预告期（见解雇一章）。

4. 雇员提出解除劳动合同

对于雇主提出的劳动合同变更建议，雇员可以不理睬，继续照旧工作，也可以提出解除劳动合同。这里，要看发生的背景和环境怎样，因此就会有不同的法律后果。如果雇员停止工作，是在雇主单方变更了劳动合同的情况下，也就是雇主强行新的劳动合同，这时雇员停止工作的行为，看似辞职，实际上应当被视为是雇主解雇，而且是不当解雇。雇主为此要承担不当解雇的法律责任，包括支付不当解雇补偿金、预告期补偿金和赔偿损失。

二、劳动合同中约定的变化条款的效力和履行

双方当事人可以在订立劳动合同时就约定一些变化条款（clause de variation），例如，在某些情况下雇主可以变更雇员的岗位，或者变更工作地点、工作时间、乃至变更工资，等等。这类变化条款是否只要双方约定了，就一定具有法律效力、雇员就一定要遵守呢？雇员不遵守这类事先双方事先约定的条款，是否就构成违反合同呢？最高法院的司法判例表明并非如此。

1. 约定条款的合法性条件

从合同法的角度看，合同当事人约定的就要履行，雇员既然同意在劳动合同中约定了将来雇主可以变更的条款，就不能拒绝雇主变更工作地点、岗位甚至薪酬的建议，因为这是合同约定的，雇员没有理由拒绝。但是，从劳动合同的角度看，不能完全遵行这样的合同自由原则，因为这类条款事先允许雇主单方变更劳动合同的内容，剥夺了雇员一方根据劳动法应当享有的权益，另外，双方行使这一合同自由必须接受司法监督。①

最高法院首先通过判例确定了某些事先约定的变化条款必须符合一定条件，才能有效的；而有些事先约定条款则不具有法律效力。

第一，这类条款的约定必须详细。例如，关于非全日制工工作时间变更的条款，必须约定在哪些条件下，雇主可以单方变更雇员在每个工作日的工时。再如，关于工作地点变更条款（clause de mobilité），这类条款在实践非常常见，最高法院认为，必须详细约定在什么条件下雇主可以单方变更工作地点、在什么地域范围内变更，否则就是无效的。

---

① Jean Pélissier，Alain Supiot，Antoine Jeammaud 著：《劳动法》，达鲁兹出版社 Dollez，2008 年，第 24 版，第 767 页。

如果因为变更工作地点，雇主随之要求雇员也变更家庭住址，这就不仅仅是劳动合同法的问题了，而是触及到违反人权公约的内容了。在一个著名案例①中，最高法院根据《欧洲人权公约》第 8 条②和《劳动法典》法律卷第 1121－1 条③的规定，撤销了凡尔赛上诉法院关于认定约定工作地点和家庭地址变更条款有效的判决，发回巴黎上诉法院重审。在该案中，劳动合同中的一个条款约定，雇主有权单方变更雇员工作地点所在的区域，并且有权要求雇员在工作区域变更后，把家庭地址也搬到该区域内，争议发生是因为，雇员被从巴黎 Paris 调动到蒙波利尔 Montpelier 工作，但是，雇员拒绝把家庭也搬到 Montpelier，于是雇主把他解雇。雇员起诉提出解雇没有合法理由，要求雇主支付各种法定补偿金。凡尔赛上诉法院认定当事人在劳动合同中约定的条款合法，但是最高法院认为这样限制雇员家庭住址的条款是无效的，是违反《欧洲人权公约》的。

第二，这类条款的订立必须遵守善意原则（de bonne foi），不得滥用权力。最高法院认为，在订立了工作地点变更条款（clause de mobilité）的情况下，雇主如果没有为雇员提供交通便利条件，使雇员可以按时到达新的工作地点，就属于雇主滥用指挥管理权力，约定的条款也无效。④

第三，对约定的这类条款的解释必须是从严解释，不得扩大雇主的权力。例如，当事人事先约定的工作地点变更条款（clause de mobilité），对此的理解和解释，只能是雇员接受在约定当时已有的企业各个机构中工作，不包括当时不存在的企业机构，即雇主不得调动雇员到后来新的分支机构工作。⑤

第四，这类条款如果约定：在雇员违反纪律时作为纪律处罚的措施而实施该约定时，例如，劳动合同中约定雇员违反纪律，要接受雇主对岗位的调动的条款。最高法院认为，任何作为劳动纪律处罚的措施都必须事先经过法定程序，只有当雇员确实有行为过错时，对其处罚措施也是有效的。

---

① 最高法院社会庭 1999 年 1 月 12 日 spileers 案例，《社会法判例杂志》（RJS）1999 年第 2 期第 151 号。

② 1950 年《欧洲人权公约》第 8 条第 1 款规定：人人享有私人和家庭生活、住址和通讯权利受到尊重的权利。

③ 该条规定：任何人不得对个人权利和个人性、集体性自由作出不能被工作任务的性质所证明的限制，该限制也不得和所追求的目标相比不合比例。

④ 最高法院社会庭 2001 年 1 月 10 日的一个判决，《社会法》杂志（Droit social）2001 年第 553 页。

⑤ 最高法院社会庭 2006 年 12 月 20 日的一个判决，《达鲁兹》杂志（Dalloz）2006 年第 757 页。

第五，当事人不得事先约定由雇主单方决定降低雇员工资①，更不得把降低工资规定为处罚雇员的一项措施，因为法律禁止采取经济性处罚措施。

2. 雇员拒绝接受这些约定条款及其法律后果

当这些条款不符合上述合法性条件时，雇员不遵守这些约定条款，不能构成过错。雇主因此而解雇雇员，该解雇也是不具有合法理由的。

如果这些条款符合上述合法条件，即具有效力时，雇员不得拒绝履行，如果拒绝履行，就构成对合同义务的违反，雇主就可以合法地解雇该雇员，但是，最高法院也认为，仅仅有这一拒绝本身不能被认定为属于重大过错，也就是解雇仍然要遵守预告期，要支付解雇补偿金。

三、雇员接受或拒绝劳动条件的变更及其法律后果

雇主有权通过行使指挥管理权来单方变更劳动条件，雇员接受或者拒绝变更的劳动条件，会有不同的法律后果。

1. 雇员接受劳动条件的变更

雇主单方对于劳动条件的改变，通常雇员都得接受：在同一个工厂或者同一座大楼，但是工作从一个办公室换到另一个办公室，或者早开始上班半个小时早下班半个小时、或者工作任务略有调整但是既不会增加负担也不会减少工资，等等变化，这些都不触及合同义务的改变。劳动合同没有任何变更，只是劳动条件有变更。

2. 雇员拒绝接受劳动条件的变化，也拒绝继续工作

针对雇主单方提出的劳动条件的改变，雇员可以拒绝接受，可以提出辞职，但是辞职的意思表示一定要明确。如果，雇员在辞职后又起诉雇主，认为雇主有过错，要求认定辞职为解雇，这时法官要审查辞职是否是雇员的真正意愿，是否清楚地表达出来过，如果确实雇员清楚地提出辞职，就不能认定辞职为解雇，雇员不能得到任何补偿。

如果雇员既没有提出辞职，也不去上班，那么，雇员的行为就构成对劳动合同义务的违反，因为劳动合同没有任何变更。雇主可以合法地解雇他，但要遵守解雇的程序，也要遵守解雇通知书明确解雇的理由，如果没有解雇程序，也没有在解雇通知书中说明解雇理由，根据最高法院判例的一贯态度，解雇就构成不当解雇。如果雇主遵守了法律规定解雇了该雇员，该解雇仅仅是基于雇

---

① 最高法院社会庭2004年6月16日的一个判决，《民法案例汇编第五卷》(Bull. civ. V) 2004年第166号案例。

员拒绝接受劳动条件的变更时，这一拒绝本身不能构成重大过错，即雇主解雇还必须遵守解雇预告期，被解雇雇员有权得到解雇补偿金。

如果在变更劳动条件上，雇主有可指责的过错时，即雇主滥用指挥管理权，对于这类变更，雇员也有权拒绝，该拒绝不构成解雇需要的过错。

第十二章

无固定期限劳动合同的解除之一——因个人理由的解雇

因个人理由的解雇是指雇主因为雇员个人的行为过错，或者与个人有关的其他情况致使劳动关系无法维持下去而作出的解除劳动合同的行为。这是最常见的解雇形式之一，与因经济理由的解雇（经济性裁员）相对应。这两类解雇制度都是针对无固定期限劳动合同的，不适用于固定期限劳动合同。

第一节　解雇立法和解雇的种类

法国劳动法对于雇主解雇权利的规范经历了一个过程，这个过程可以看出劳动法逐步远离民法，发展成为具有自身特有特点的一类规范。并且，法国劳动法从本质上区分了两类不同的解雇。

一、解雇立法的演变

1. 解雇自由阶段

在法国《民法典》确立的自由法律原则之下，劳动合同也被视为是个人之间关系的一种契约，双方决定合同的期限和合同终止的条件。在合同解除方面，契约自由和双方性是主导原则，合同的解除以单方解除权为特点，双方的任何一方都有解除合同的权利，并且双方遵守同样的解除规则。可以说，1973年以前，劳动合同的解除完全遵循这些民法观念，其结果就是：雇主和雇员都有随时解除劳动合同的权利，不论是雇员辞职，还是雇员解雇，都无需说明理由。

2. 解雇开始受到约束阶段

随着劳动法的发展，出于就业稳定和保护工人的一些社会性措施和制度逐步被提出来，而且逐渐排除民法的契约自由对劳动合同适用的空间。从20世纪初期，开始对雇主解雇权利进行限制。在20世纪上半期，学界和司法界开始在解雇上逐步取得了一些共识。

第一，虽然合同的订立仍然遵循自由地选择对方当事人的原则，但是雇员一旦被雇佣后，即开始享受法律和集体合同规定的雇员职业地位，雇主对其解雇不再是自由的了。最早对雇主的解雇行为进行限制的是19世纪的司法判例，后来司法判例确认的做法被吸收到1928年7月19日的法律中，该法第23条规定：任何一方滥用解除权利都要向对方承担赔偿损失的责任。这一规定实际上是针对雇主的。另外，还规定：判决应当明确载明提出解除一方援引的解除理由。这实际上已经改变了民法自由原则的统治局面，确立了解雇不得滥用权力、解雇要说明理由新制度。

第二，法律开始对雇员的辞职行为和雇主的解雇行为进行区分：辞职不会给雇主造成重大影响，使雇员重新获得劳动和择业的自由；而解雇则对社会造成重大影响，对于雇主来说是行使一项权利，要在就业政策的范围内行使。注意，这里涉及到自由和权利的差别，在位阶上，自由高于权利。

第三，法律对于因为个人原因的解雇和因为经济原因的解雇的不同，分别设立司法监督和行政监督（1986年法律又取消了对经济性裁员的行政监督）。

3. 解雇需要实质要件的阶段

在20世纪的近半个世纪里，虽然雇主要说明解雇理由，但是，解雇制度还是对雇员不利，解雇几乎都是合法的，因为雇员只有证明雇主滥用解雇权利时，解雇才是非法的。此时，法官还没有开始审查解雇的理由，仅仅要求雇主说明理由而已。

1973年7月13日的法律对因为个人原因的解雇提出了明确的规范，第一次全面提出了解雇的实质性要件和程序性要件。从此，雇主的解雇权利不再是一项无需理由的权利，而是成为一项“需要理由才能行使的权利”（droit causé）——要具有“实际的和严肃的理由”（cause réelle et sérieuse）。如果没有“实际的和严肃的理由”，不再属于滥用权利，而是解雇权利就不存在了，解雇就是不正当解雇（licenciement irrégulier）。此后的很多项法律又对此有所补充和细化。1982年的法律又增加了关于纪律处分的程序要求，其中也现次强调解雇程序。此后，1986年、1989年、1991年、2002年和2008年都有法律对解除制度做一些细节上的补充。

二、雇主解雇的种类划分

雇主单方提出的解雇（即辞退）分为两种类型：一是雇主因为雇员个人理由而提出的解雇；二是雇主因为经济理由而提出的解雇。因为雇员个人理由

的解雇，是指针对雇员个人行为或者职业能力方面的原因，雇主提出解雇雇员。因为经济理由的解雇，是指雇主因为客观经济原因而导致某些岗位被取消而解雇雇员。

两类解雇是直接根据法律规定划分的。

在解雇的实质要件上，法律要求两类解雇都具有“实际的严肃的理由”（cause réelle et sérieuse），在解雇程序上，都要求解雇前要和雇员进行面谈。

由于解雇的理由不同，有时涉及到的解雇人数也不同，具体的解雇程序和实质要件的判断上，两类解雇是不同的。

第二节　解雇程序及其违法责任

法国劳动法对于解雇程序要求严格，表明了对于雇员自我辩护权的尊重，值得我国借鉴。

一、解雇的法定程序

规定劳动合同的解除程序并使之得到遵守，对于防止雇主滥用解除合同的权利具有重要作用，有利于保护雇员的合法利益。具体来说，雇主因为雇员的个人问题解雇雇员，必须履行下列程序。

一是和雇员的预先性面谈。

雇主打算解雇某个雇员时，应当在做出决定前通知该雇员进行一次见面约谈（法律卷第1232－2条）。雇主必须以挂号信或派人当面交付的方式，书面通知雇员面谈解雇一事。法律规定在通知面谈和进行面谈之间要有5天的时间。通知书要载明面谈的目的、日期、时间、地点，并告知雇员有权邀请一名企业员工代表协助参加面谈。面谈的时间可以在工作时间以内，也可以在工作时间以外。面谈过程中，雇主有义务向雇员说明解雇的理由，并听取雇员自由地为自己所作的解释和辩护。如果雇员不愿或者拒绝参加面谈，雇主在留出面谈时间和发出解雇通知书之间的法定期间（5天）后，可以直接向其发出解雇通知书。

二是寄发解雇通知书。

法律规定在面谈日期和寄发解雇通知书日期之间要有5天时间。雇主得以挂号附接收人签字的方式将解雇通知书寄给被解雇的雇员；雇员接收解雇通知书之日即为解雇预告期的起算点（法律篇第1234－3条）。法律篇第1232－6条要求雇主在解雇通知书中说明解雇理由。司法实践认为，如果解雇通知书中未说明理由或理由不够具体，则认为解雇不具备法律要求的“实际的严肃的理由”，因而被宣布为无效。

二、违反解雇程序的法律后果

1. 雇主违反关于面谈的解雇程序

雇主违反以上解雇程序的法律规定的，要承担两项法律责任：一是重新进行解雇的程序；二是向雇员支付补偿金，数额不得超过一个月工资（法律卷第1235－2条）。由于解雇已经发生，要求雇主重新补一遍解雇程序也很不现实，所以，实践中，没有实际落实这一项惩罚，而是仅仅让雇主承担支付补偿金的责任。

被解雇雇员享受这一补偿金必须具备以下条件：雇员有2年以上的工龄、涉及至少雇佣11人的企业、解雇具有“实际的严肃的理由”即解雇符合实质要件。

根据法律卷第1235－5条，雇员的工龄不足2年或者所在企业雇佣不足11人时，雇主违反程序解雇了雇员，雇员有权要求雇主支付一笔损害补偿金，数额根据实际遭受的损失而定。

2. 雇主没有在解雇通知书中说明解雇理由

对此，最高法院的立场很明确：雇主没有在解雇通知书中说明解雇理由，导致解雇非法，即解雇缺乏“实际的和严肃的理由”。而且，最高法院通过多个判决认为，即使通知面谈的通知书中曾经说明过解雇的理由，也不能弥补在解雇通知书中疏漏了解雇理由的后果，但是，如果雇主把面谈通知书附在解雇通知书一起，就可以证明已经对解雇理由的明确。另外，对解雇的理由写得不清楚，例如，仅仅写上“严重疏忽”、“不尊重上下级关系”、“长时间缺勤影响组织的正常运转”、“不和”等等模糊、笼统的理由，也相当于没有说明解雇理由，那么，解雇缺乏实际的和严肃的理由。①

第三节　解雇的实质要件和违法责任

解雇必须具备合法条件，这一点是很多大陆法系国家区别于美国的重要一

① Jean Pélissier, Alain Supiot, Antoine Jeammaud 著：《劳动法》，达鲁兹出版社 Dollez，2008年，第24版，第579页。

点。[①] 法国法上解雇的合法理由，就是要具有“实际的和严肃的理由”（cause réelle et sérieuse）。如果没有“实际的和严肃的理由”，解雇就是不正当解雇（licenciement irrégulier）。此外，法律也规定了禁止解雇的情形，违反了这些规定，解雇就属于无效解雇（licenciement nul）。不正当解雇和无效解雇的法律后果不同。

一、实质要件——“实际的和严肃的理由”的含义

法国法没有列举在哪些情形下，雇主可以合法解雇，甚至也没有像我国《劳动合同法》那样去概括一些情形。但是，法国法提出了一个判断解雇是否具备合法理由的标准——实际的和严肃的理由。任何解雇理由都必须用这根“尺子”去量一量，看看是否符合这一法定尺度。

但是，何为“实际的严肃的理由”？法律并未给出一个定义，其具体涵义和要求是通过一系列司法判决得出的，即解雇是否具有“实际的严肃的理由”由法官通过具体案件的审理做出判断。由此可知，这根法定的解雇“尺子”不是事先恒定的，而是有伸缩性的，要根据具体案件情况来具体地适应和判断，要以最高法院的解释为最终尺度。

这一法定解雇理由是由两部分组成的：“实际的理由”，同时又是“严肃的理由”。

1. “实际的理由”（cause réelle）的含义

最高法院社会庭[②]的判例认为，成为“实际的理由”（cause réelle）要具备三个条件：一是，要求雇主提出的解雇理由必须是“客观的、而非主观推测或先入之见、也不得与雇主的心情好坏有关”；二是，必须是“具体的、现实存在的理由”；最后，必须是“确切的、而不是把真实动机隐藏其后的一个借口”，例如，在某一案件中，雇主提出的解雇的真正理由是雇员参加了罢工，而不是雇员所犯的一个轻微过错。

2. “严肃的理由”的含义和过错分类

什么是“严肃的理由”（cause sérieuse）？在1973年法律通过前的议会辩论中，劳动部部长提出：“一个严肃的理由是具有一定严重程度的理由、虽然

---

① 据介绍，在美国的解雇只要不涉及歧视问题，其他方面就基本上是雇主的意愿决定了。

② 法国设有行政法院和司法法院两套系统。处理劳动争议的司法机构，也有三个审级，其中二审是上诉法院的社会庭，三审是最高法院的社会庭，一审是专门设立的劳动争议委员会，虽然名称上没有用“法庭”一词，但是，地位就是如此，只是它和法国商业法庭一样，不是由专业法官组成，而是由劳资双方选举的代表组成，具有两方性，但是，一旦被选，即具有法官的职权和地位。

还没有对企业造成损害，但是它使劳动的继续成为不可能、使解雇成为必要。”①

首先，“严肃的理由”是一种介于“轻微过错”（faute légère）和“严重过错”（faute grave）之间的“严肃的过错”（faute sérieuse）。对此，判例有两项要求：

第一，必须是雇员所犯过错达到一定程度，过错“达到一定严重程度以至于劳动关系存续下去可能给企业带来持久损害的理由”。1973 年 7 月 13 日的法律之前，雇员轻微的过错就可导致雇主的解雇。自该法实施以来，轻微过错不再构成合法解雇所要求的“严肃的理由”。

司法实践把“过错”分为四类：“轻微过错”（faute légère），是指不具有使劳动关系不可能延续特性的、较轻的过失行为；“严肃过错”（faute sérieuse）是雇主合法解雇的“最低线”，过错达到一定程度使解雇成为必要；“严重过错”（faute grave）是“雇员严重违反劳动合同义务或者来自劳动关系的义务以至于在预告期内留住雇员成为不可能的一项或多项事实”②；“极为严重过错”（faute lourde），是指雇员的“破坏雇主或企业的故意行为。”③ 最高法院通过判例认为，雇员对雇主承担民事责任的唯一情形是“极为严重过错”（faute lourde）。④

司法判例还建立了关于雇员过错程度与解雇关系的分类对照关系：“轻微过错”不能构成解雇的合法理由；“严肃过错”是解雇的合法理由、雇主要遵守解雇预告期并支付补偿金；“严重过错”是立即解雇的合法理由，雇主不需要遵守解雇预告期，不需要支付解雇补偿金；“极为严重过错”是立即解雇的合法理由，剥夺雇员的所有权利，雇主不需要遵守解雇预告期，不需要支付解雇补偿金，不需要支付带薪休假补偿金。

第二，该过错还必须是“与职业相关的”，通常是指在工作岗位上、工作时间内、与其工作有关的过错；但如果雇员在工作场所之外所犯的过错足以引

---

① 转引自 Jean Pélissier, Alain Supiot, Antoine Jeammaud 著：《劳动法》，达鲁兹出版社 Dollez，2008 年，第 24 版，第 587 页。

② 最高法院 1991 年 2 月 26 日的判决，载《社会法判例杂志》（RJS）1991 年第 4 期第 448 号。

③ 最高法院 1991 年 11 月 29 日的判决，载《社会法》（droit social）1991 年第 2 期，第 107 页。

④ 最高法院 1958 年 11 月 27 日的判决，载《法律分类期刊》（JCP）1991 年 II 部分，第 11143 页，转引自 François Gaudu 著：《劳动法》（Droit du travail），达鲁兹出版社（Dallo z）2007 年第 2 版，第 114 页。

起所在企业的混乱时，也得视为解雇的“严肃的理由”成立。①

其次，“严肃的理由”是指影响企业活动正常运转的个人情况。

雇员个人的情况有时不构成过错，但是也会影响企业的经营活动，例如，缺勤、身体不能胜任工作、职业能力不足、与客户关系恶劣，等等个人情况的存在，如果影响到企业活动的正常运转，雇主不得不重新招聘合适的员工来代替这个雇员，这时，解雇就具有“严肃的理由”。但是，最高法院判例指出，不得以雇员个人私生活中的行为为理由来解雇。例如，一个典型案例是：雷诺Renault 汽车厂的一名女雇员购买了一辆标致 Peugeot 汽车，雇主对其解雇不具有“严肃的理由”，因为，雇员在其私生活中有购买产品的自由。②

二、对解雇实质要件的司法监督

对“实际的严肃的理由”的判断实际上是审查雇主采取解雇措施和雇员行为、个人情况之间的比例关系如何，如果行为的过错程度、个人情况影响到企业活动都达到了解雇的程度，那么，这样的理由就是“实际的严肃的理由”。所以，最终在于法官根据具体案件情况来把握，这也是解雇问题中最难处理的部分。现有的这些成型线条都是从大量的司法判例中总结出来的。

法官对过错程度的认定和监督直接来自《劳动法典》法律篇第 1235 – 1 条③的授权，而这一规定所体现的是公共秩序（ordre public）的要求。因此，任何劳动合同、集体合同或集体协议、乃至企业内部规章都不得事先规定何种过错构成“严肃过错”、“严重过错”，从而授权雇主解雇雇员，即使有这样的规定，也不得约束法官对过错的认定和判断。由此可以认为，自 1973 年 7 月 13 日的法律以来，法国对雇主解雇职工的司法监督得到了极大的强化。

我国有些法院前些年已经在审理劳动合同解除案件时，提出了如何认定职工违反劳动纪律或企业内部规章的行为程度的问题。④ 实践中，面对市场竞争，很多企业往往只从本单位的利益出发，常常以所谓的“加强管理，严肃

---

① 最高法院社会庭 1991 年 11 月 20 日的判决认为，一个保管企业的保安人员在上班时间之外偷了商业中心货架上的商品，构成合法解雇的“严肃理由”。载《社会法判例杂志》（RJS）1991 年第 1 期第 3 号。

② 最高法院社会庭 1992 年 1 月 22 日的判决，《社会法》（Droit social）1992 年第 268 页。

③ 该条规定：“在存在争议的情况下，有权评价解雇的程序是否合法、雇主提出的解雇理由是否具有实际的严重的特征的法官，依据双方提供的各项情况以及必要时采取各项必须的预审措施后，得出自己的结论。如果存在疑问，以有利于雇员为准。”

④ 例如，2000 年夏季在北戴河召开的关于劳动争议处理问题的研讨会上，法官们就审理的案件提出过该类问题。

纪律”为由，对实际上只犯有小错的劳动者，却按严重违纪来解除劳动合同。由此而引发的解除劳动合同争议，在劳动争议案件中占有相当大的比例。①2008年《劳动合同合法》实施后，严重违反规章制度仍然是解雇的合法理由之一，法律对企业内部规章制度的合法性也作了规定，似乎在判断什么是严重违反规章制度上有了明朗的规定。根据最高人民法院的司法解释，企业内部规章制度如果内容不违法、程序合法、进行了公示，就可以作为处理案件的依据。所以，企业基本上是通过企业内部规章制度来确定什么是严重违反规章制度的行为，可以构成解雇。此时，法官的作用就降低到检查规章制度的合法性上，而不是判断解雇的真正理由，以及解雇理由和解雇行为之间是否是恰当的。法国司法判例对过错进行分类和监督的做法对我国现行的劳动司法不无启发意义。

三、实质要件的举证责任

法律规定对于是否存在解雇的“实际的和严肃的理由”的举证责任在于雇主。作为被解雇的雇员，只要证明其被解雇了就可以，如果他认为雇主的解雇不具有“实际的和严肃的理由”，这时，举证责任就是雇主的了，雇主负有证明其解雇具有“实际的和严肃的理由”。

法官不仅对双方当事人的举证进行审查，同时，还负有进一步搜集证据的责任，有必要时，他可以采取预审措施去调查取证（法律篇第1235－1条）。法官不仅要调查雇主提出的解雇理由是否存在，还要调查是否还有其他因素可能成为解雇的真正理由。当事人应当尽可能向法官提供证据，这对他们自己都是有利的。如果当事人没有向法官提供足够的证据，反而要求法官进行预审调查，法官可以拒绝进行预审调查。是否进行预审调查，完全取决于法官根据案情和证据情况决定。

如果经过上述证据搜集、调查、审查等一系列工作，对于判断解雇是否存在“实际的和严肃的理由”还是不清楚，还是存在疑问时，法律规定，这时应当倾向于有利于雇员的角度去决定（法律卷，第1225－3条）。

四、雇主违反解雇实质要件的法律责任

法律卷第1235－3条和第1235－4条规定了雇主在缺乏“实际的和严肃的理由”时解雇雇员应承担的法律责任。

---

① 《北京青年报》2001年12月10日“人才市场专刊”第2版。

“如果解雇没有‘实际的和严肃的理由’，法官可以建议恢复工作，并保留所有其既得利益；如果雇主或者雇员拒绝恢复工作的建议，法官就判定雇主向雇员支付补偿金，其数额不得低于雇员最近六个月的工资总额，此项补偿金不影响必要时支付按照法律卷第 1234 –9 条规定的合法解雇补偿金。”（法律卷第 1235 –3）雇主解雇没有“实际的和严肃的理由”，还得承担失业保险机构在六个月内支付给被解雇雇员失业保险金的全部或者部分负担（法律卷第 1235 –4）。

根据这些规定，雇主解雇缺乏实质条件时，要具体承担以下三种责任：

1. 接受恢复工作（réintégration）的建议。

法官可以建议雇主恢复被非法解雇的雇员的工作。但是，实践中，建议很少使用，因为法律规定，不论是雇主还是雇员都可以拒绝这种建议。

2. 支付不当解雇补偿金。

不当解雇补偿金最低为雇员最近六个月的工资。其性质是混合性的，一方面，是惩罚雇主，因为这笔补偿金不以雇员遭受的损失为前提，即使雇员被解雇后很快找到了类似的工作，雇主也得向其支付；另一方面，也具有一定的补偿性质，由于这笔补偿金不是一个固定数，而是法定最低数，所以，被不当解雇的雇员可以证明其损失远远大于六个月的工资，例如，长时间找不到工作，他可以要求雇主赔偿所有的损失。

3. 雇主必须向失业保险机构承担失业保险金。

为了减少和制止雇主在没有“实际的和严肃的理由”时解雇雇员，法律规定雇主必须向失业保险机构承担该机构向因被解雇而成为失业人员的失业者发放的失业保险金。这是一种威慑手段。1986 年以前法律规定雇主要承担全部的失业保险金，但是，后来法律规定只承担失业保险机构发放的前六个月的失业保险金。可见，这一措施的威慑作用已经有所下降。一般来说，法官会在案件中直接判决雇主应当给失业保险机构报销失业保险金的数额。

根据法律卷第 1235 –3 条的规定，并不是所有被不当解雇的雇员都可以享受上述第一和第二项的权利，雇员必须具备两个条件，才能享受：一是工龄为 2 年以上；二是所在的企业雇佣了 11 人以上的雇员。不具备这两个条件的被不当解雇的雇员不能援引上述权利。法律规定，工龄少于 2 年的或者所在的雇主雇佣不足 11 人的，被不当解雇的雇员可以直接起诉雇主赔偿实际损失。

第四节 禁止解雇的情形及其违法责任

法国法上关于禁止解雇的情形基本上涉及基本人权的保护，涉及到平等原则的实施，而且违法解雇的法律后果也不同于违反上述解雇合法理由的规定，和我国《劳动合同法》的规定有较多不同，值得我们思考。

一、禁止解雇的情形

1. 对某些雇员的特别解雇保护

解雇受保护雇员（特指员工代表、工会代表、企业委员会的雇员代表、劳动争议一审法庭的雇员兼职法官），必须得到劳动监察官的同意，否则解雇无效。除此之外，多项法律明确规定了禁止解雇这些雇员。

2. 禁止解雇的原则

另外，有些法律条文规定了禁止解雇，同时也规定了例外情况。例如，法律卷第 1226－9 条规定，禁止解雇由于工伤或者职业病而中止劳动合同的雇员，但是在雇员有严重过错时，可以解雇。法律卷第 1225－4 条规定，禁止解雇怀孕妇女，但是在妇女有严重过错时，可以解雇。

规定禁止解雇的法律条文有些就是简单地规定禁止基于某些因素解雇雇员。例如，法律卷第 1132－1 条规定："任何人均不得被排除在招聘程序、实习或者培训之外。任何雇员均不因其出身、性别、习俗、性别倾向、年龄、家庭状况或者怀孕状况、基因特征、种族、国家或者人种、政治观点、从事工会或者互助会活动、宗教信仰、身体外形、姓名、身体状况或者残疾，而受到处罚、解雇，或者在劳动报酬、分红、培训、职务、晋升、合同续订等方面直接或间接成为歧视的对象。"这是一条关于平等原则的重要条款，也涉及到解雇方面的禁止。法律卷第 1132－2 条规定："任何雇员不得因为正常地行使罢工权而被处罚、解雇，或者直接、间接成为法律卷第 1132－1 条规定的歧视对象。"法律卷第 1144－3 条规定：因为雇员提出男女职业平等方面的诉讼而遭受的解雇属于无效解雇。法律卷第 1153－2 条和第 1153－3 条禁止解雇接受或者拒绝精神骚扰、性骚扰的雇员，禁止解雇在精神骚扰、性骚扰中作证的雇员。

以上是有具体法律条文的禁止解雇的规定，此外，还有些禁止解雇的情形是发生在没有条文规定的情况下，由最高法院的判例确定。例如，1988 年 4 月 28 日的一个著名的案例中，最高法院第一次接受在没有明文规定的情况下，违反一项宪法性权利（案件中涉及企业内外的言论自由权）的解雇应当是无

效的。①

从上述内容可以看出，法国法关于禁止解雇的规定是有特色的，因为虽然没有采取一一列举的方式，列出禁止解雇的对象，但是，对雇员的保护却是更加全面的。更加重要的是，这些禁止解雇的因素都是雇员作为公民应当享有的基本人权。有明文规定的，或者没有明文规定的，只要侵犯了这些基本人权，解雇就是无效的。

二、违反禁止解雇的法律责任

违反禁止解雇规定的法律结果是解雇无效（licenciement nul），这不同于没有“实际的和严肃理由”的解雇，后者解雇属于不正当解雇（licenciement irréguilier）。这两者的法律责任是不同的，无效解雇的法律责任显然应当是重于不正当解雇的法律责任。

解雇无效后，雇主要承担以下法律责任。

第一，恢复工作。解雇无效后，被解雇的雇员有权要求恢复原来的工作，或者类似的工作岗位，雇主必须恢复其工作。这不同于不正当解雇下的规定，在不正当解雇下，法官只是建议恢复工作，而且双方都可以拒绝。

第二，赔偿损失。恢复工作不能取消雇主赔偿雇员的损失，其数额等于解雇之日到恢复工作之间的雇员工资总额。

第三，如果雇员不愿意恢复工作，那么，他可以享有多项补偿金和赔偿损失：劳动合同解除补偿金、预告期补偿金、集体合同或者法律规定的解雇补偿金，在此之外，还有权获得弥补其全部损失的赔偿，由法官具体决定。

① 最高法院社会庭1988年4月28日的一个判决，《民事判例第五卷》（Bull. civ. V）1988年第257号。该案涉及一名企业工人在下班之后，接受记者采访，如实地讲述了企业的劳动条件，后来报道被公开后，企业解雇了该雇员。

第十三章

无固定期限劳动合同的解除之二——因经济理由的解雇（经济性裁员）

因经济理由的解雇是雇主由于与雇员无关的、经营方面的因素而解除劳动合同的行为，也称为经济性裁员。但是，法国法上的经济性裁员与我国劳动法上的裁员概念有所不同，我国裁员概念的适用较窄。

第一节　因经济理由解雇的含义和种类

因经济理由的解雇在法国法上有特定的内涵和外延，而且，法律对它的规范也经历了一个演变过程。

一、立法规范的演变

在单方解雇权的民法影响时代，雇主由于经济原因同时解雇多个雇员都属于个人解雇，最高法院在相当长一段时间内都持有这样的态度。因为经济原因的解雇作为一个独立的概念的出现，第一次是在 1945 年的行政法判例中。在实施 1945 年 5 月 24 日关于就业控制的一个条例中，在关于对解雇进行行政监督的问题上，最高行政法院认为，行政监督只能适用于因为经济原因的解雇，而不能适用于因为个人原因的解雇，后者只能在争议时由司法法官来监督。1966 年 6 月 18 日关于改革企业委员会的法律中规定，企业委员会应当在缩减人员时提出自己的意见。1969 年，劳资团体双方达成了一个非常重要的协议："关于就业稳定的跨行业全国协议"。该协议规定，因为经济原因的解雇应当征询企业委员会的意见，并且规定了在征询该意见的日期和企业决定解雇日期之间要遵守的最短期限。1973 年，立法者已经明确地把因为经济原因的解雇区别于因为个人原因的解雇，因为 1973 年 7 月 13 日关于解雇需要有实质要件和程序要求的法律，不适用于裁员，只是适用于因为个人原因的解雇。1974 年 10 月 14 日订立的劳资团体全国协议，规定被因为经济原因而解雇的 60 岁

以下雇员可以得到相当于原来毛工资 90% 的失业保险金。第一次对因为经济原因的解雇进行法律规范的是 1975 年 1 月 3 日关于裁员的法律，规定了裁员要征询员工代表的意见，而且还建立了行政批准程序，没有得到劳动行政部门的批准，裁员无效。

可以看出，上述不同阶段出台的政策和法律，互相之间不协调，出现了很多问题。例如，失业保险金上不同，大多数人并不能接受；雇主很难接受行政对于其裁员的监督；裁员的定义和判断；行政争议和司法争议之间的协调；征询企业委员会意见和决定裁员之间期限太长，等等。于是，从 20 世纪 80 年代开始，对这些规定进行调整。例如，取消了失业保险金在个人解雇和裁员原因上的不同，只要是被解雇了，不论解雇的理由如何，都须取相同的失业保险金；取消了对裁员的行政批准；缩短了征询民主意见和裁员决定做出之间的期限，这些程序上的措施都有利于雇主。同时也有一项措施有利于雇员，这就是 1989 年引进的“裁员安置计划”（plan social 音译“社会计划”，内容是关于安置的），要求雇主要想办法帮助被裁员的雇员得到职业安置。1993 年的法律也强化了员工的参与，如果安置计划没有征询员工代表的意见，裁员就是无效的；劳动监察官可以监督裁员“安置计划”的制定。

在 20 世纪末和新世纪初，很多企业经济状况很好，也裁员，例如，雷诺汽车、达能集团、米其林集团等。为了制止这类现象，法律开始加强行政和员工的参与作用。2002 年 1 月 18 日名为“社会的现代化”（modernisation sociale）的法律设立了安置假（congé de reclassement），用“维持就业岗位计划”（plan de sauvegarde de l'emploi）代替“裁员安置计划”（plan social）。2005 年 1 月 18 日关于为了增加社会凝聚力而规划（programmation pour la cohésion sociale）的法律也涉及到裁员问题，提出加强集体谈判的作用、使安置计划更加个人化、发挥劳动力“蓄水池”的作用，具体修改了对不正当解雇的救济期限、解雇被撤销后雇员的工作恢复等方面。

从上述规范演变的过程可以看出来，法国裁员问题的规范制定并不简单，也不容易。从社会的角度、政策的角度，乃至法律的角度看，裁员一直是一个不断产生争议、不易处理好的一个主题，是很难进行较好规范的一个领域。

二、因经济理由的解雇的定义

因经济理由的解雇（裁员）（licenciement pour motif économique）是一类与因个人理由的解雇（licenciement pour motif personnel）相对的解雇。对此，法律卷第 1233－3 条明确定义如下：“因为一个或多个与雇员个人无关的理由，

特别是因为经济困难或者技术工艺的改变，致使岗位被取消或被转换或引起劳动合同最基本因素的变更，而雇员拒绝接受这一变更时，雇主进行的解雇称为因为经济理由的解雇。”

这个定义很拗口，在法国国内一直都是争论的焦点。从1989年定义以来的这些年间，经历过一些变化，甚至也做过改变的尝试，但是都没有成功。例如，2002年1月18日名为“社会现代化”（modernisation sociale）的法律第107条试图改变原有的定义，取消了副词“特别地”，第107条把因经济理由的解雇定义如下：“因为一个或多个与雇员个人无关的理由，而是由于企业采取各种措施也无法克服的严重的经济困难；或者技术工艺的改变，打破了企业原有的安详氛围；或者为了保住企业的活动而必须进行的重组，从而导致雇员的岗位被取消、转换或者劳动合同被变更，这时的解雇称为因经济理由的解雇。”这一条被宪法委员会认定为违宪，因为“由于企业采取各种措施也无法克服的严重的经济困难”这样的表述，使得法官在审理这类纠纷时，有可能干涉雇主的经营权，可能构成对雇主的营业自由（liberté d'entreprise）的损害，这一损害和所要追求的目标即维护雇员岗位相比，损害过当。①

虽然人们对《劳动法典》这样一个定义的表达不很满意，但是，也不得不承认它至少包含了界定这类解雇的最基本的几个要素：第一，确立了一类独立的解雇，依据与雇员个人无关的理由；第二，为什么在与雇员个人无关的理由下却要解雇雇员？定义回答了这个问题，即岗位的取消或者转换等因素是解雇的真正理由；进一步来说，为什么会出现这样的解雇理由，定义里也作了回答，是由于经济困难等因素造成了解雇理由的出现。

这个定义突出了判断因经济理由的解雇需要具备的三个基本要素。

1. 解雇的理由是一类与雇员无关的理由。

即这类解雇不是因为雇员的行为过错、不是因为雇员的个人情况的解雇，什么缺勤、违纪、年龄、身体或者职业能力不能胜任工作、工作质量不高等等都不是此类解雇的理由，如果雇主因为这些和个人有关的理由而解雇雇员，就是属于因为个人理由的解雇。

2. 解雇的经济的、真正的理由是指工作岗位的取消、转换或者劳动合同中某一个基本因素的变更。

如果雇员被解雇，其岗位被分给了另外的雇员，那么，对他的解雇就不是

① 宪法委员会2002年1月12日的决定，载于《政府公报》（Journal officiel）2002年1月18日。

因经济理由解雇，因为岗位并未被取消；相反，如果其工作任务被分散给了多个雇员去做，或者有一个人无偿地做，这时，对他的解雇就属于因为经济理由的解雇，因为这一岗位确实被取消了。① 工作岗位被转换说明岗位被变更了，而岗位被变更不属于雇主单方决定的事项，应得到雇员的同意。劳动合同中某一个基本因素的变更也是说明了这一变更必须得到雇员的同意，雇主不得单方变更，例如，劳动合同规定的岗位变更了，雇员有权拒绝这种变更，这时的解雇就不是基于雇员个人的理由的解雇了。

工作岗位的取消、转换或者劳动合同中某一个基本因素的变更被雇员拒绝，是解雇的经济理由。最高法院的判例表明，这一理由并不一定要求在整个企业中岗位数量有缩减，即使经过企业重组，重新设计了岗位，岗位数量并没有减少，这时，只要有岗位被取消、被转换了，有雇员因此被解雇，就构成因经济理由的解雇。②

3. 岗位被取消或者转换的原因在于经济环境方面的困难和企业结构上的调整。

引起岗位被取消或者转换的原因可以很多，基本上、也是最多的是来自经济环境方面的和企业组织结构上的因素。经济环境方面的，是指企业遇到了经济困难；企业组织结构上的因素，是指企业的技术工艺进行了改变。所以，法律在定义时使用了一个副词“特别地”（notamment）来特别强调这两个方面的原因。但是，解雇的经济理由并非一定只有这些方面，别的方面的原因也可以作为经济理由来解雇，例如，最典型的就是企业为了维持竞争力而进行的解雇，也被最高法院认为是因经济理由的解雇。③ 最高法院判决认为，雇主因为自身的原因但不是自身可指责的过错来解雇的，也是属于因经济理由的解雇，例如，雇主因为自己的年龄或者健康原因而关闭工厂解雇的、因为洪涝灾害而关闭工厂解雇的，都属于因经济理由的解雇，但是，雇主因为给环境造成的恶果而关闭工厂解雇雇员的不属于因经济理由的解雇。

---

① 最高法院社会庭1978年3月22日、1993年6月2日和1992年10月7日的判决，分别载于《社会法》（杂志）（Droit social）1978年第296页、1993年678页、1992年923页。

② 最高法院社会庭1979年10月24日的判决，《工人法》（杂志）（Droit ouvrier）1980年第138页。

③ 最高法院社会庭1994年5月10日、1995年5月23日和1994年6月8日的判决，分别在于《社会法判例杂志》）（RJS）1994年第6期第674号、1995年第8－9期第871号和《民法判例汇编第五卷》（Bull. civ. V）1994年第193号。

三、解雇理由的竞合

这是指雇主的解雇有多个理由时或者劳资双方认为解雇理由不一致的状态。在解雇理由竞合时，法官如何确定准确的解雇理由呢？

如果存在多个解雇理由，这些理由之间毫无联系，法官要求雇主选择一个确定的解雇理由，然后来举证，如果证据被认可，法官也就认定了解雇的真实理由了。例如，雇主援引雇员行为过错作为解雇的理由，说雇员经常迟到，而雇员则说是企业处于经济困难，所以解雇了他，也解雇了别的雇员；这时，雇主要就自己援引的理由负有举证责任，如果他证明确实是雇员反复迟到以至于造成工作混乱时，法官采信了证据，那么，解雇就是因为个人理由的解雇。

如果多个解雇的理由之间存在密切的联系，如何判断解雇的性质呢？例如，由于企业购买新的机器设备，雇员的岗位和工作任务都发生了改变，雇员不能适应新的工作，这时雇主将其解雇，这一解雇是因为经济理由的解雇还是因为个人理由的解雇呢？司法判例认为，这时，应当以最先出现的理由为准来确定解雇的性质。这里，第一位的理由是岗位的变更，雇员个人方面的原因仅仅是第二位的，是由于第一位的原因而造成的结果，所以，这个解雇应当是因为经济理由的解雇。

四、因经济理由的解雇的种类

不同于我国劳动法的规定，法国法上因经济理由的解雇分为因经济理由的个人解雇和因经济理由的集体解雇两类。前者是指基于经济理由解雇某个雇员；后者是指基于经济理由解雇多个雇员。在我国，所有的经济性裁员都是集体的，而不包括因经济理由的对个人的解雇；从字面上看，裁员意味着一次裁掉多个劳动者。而在国外立法中，不仅法国法，英国、德国法中也都有裁减个人的裁员。

大多数情况下，解雇个人的就属于个人解雇，解雇多人的就是集体解雇。但是，法国法认为并不一定因为经济理由解雇个人就是属于个人解雇，而同时解雇多人就一定属于集体解雇。例如，对某一个雇员的解雇是因为经济理由，此后不久，该企业中的多个雇员也都因为经济理由遭到解雇，这时，对前面一个雇员的解雇就纳入到“集体解雇的范畴内”，要服从关于集体解雇的规定。这里涉及到解雇的时间段和解雇的人数的问题，法律规定在30天内解雇不足十人和超过十人都规定了不同的程序要求，法律还规定在连续三个月的时间内解雇十人的也有另外的程序。再如，企业经营出现困难企业提出降低工资，数个雇员都因为拒绝接受降低工资而被解雇，这时每个人的解雇都属于因为经济

理由的解雇，但是每个人的解雇又是个人解雇。

在集体解雇中，因为涉及到的雇员人数不同，法律也规定了不同的程序要求，所以，在集体解雇中，又有大解雇（grand licenciement）和小解雇（petit licenciement）之分，前者是指连续三十天内裁员涉及人数 10 人以上的，后者是指裁员少于 10 人的。

第二节　因经济理由解雇的程序

法律对于经济性裁员的程序规定得很详细，执行也很严格。其中对于雇员的知情权和安置个人化的规定，值得我国借鉴。

一、与雇员预先性的面谈

不论雇员的工龄多长、不论所在企业雇佣人数的多少、不论同时有多少雇员被解雇，也不论解雇的理由如何，法律规定，所有的雇员被解雇时，雇主都有义务在解雇决定做出之前要和雇员面谈。

在程序和手续上，裁员时的雇员面谈和因个人理由解雇时的雇员面谈相同。两者之间的第一个不同点在于，因裁员的雇员面谈中，雇主要向雇员建议个人化的安置协议（convention de reclassement personnalisé）。该协议包括雇员可以在劳动合同解除后享受心理服务、职业指导、职业能力鉴定和职业培训等再就业服务。第二个不同点是，面谈的日期和收到解雇通知书日期之间的时间段比较长，是 7 天，而因个人理由解雇时，这个期间是 5 天。

如果没有遵守约定面谈这一程序规定，对雇主的处罚就是支付最高不超过雇员一个月工资的补偿金（法律卷第 1235 -2 条）。这一规定不适用工龄少于 2 年的雇员或者雇佣不足 11 人的企业（法律卷第 1235 -5 条）。

如果雇主没有向雇员建议个人化的安置协议，雇主必须向有关机构支付一笔费用，数额等于雇员近 12 个月平均月工资（毛工资即各项交费前的工资）的两倍。

二、告知并咨询员工代表或者企业委员会

法律规定了在裁员过程中有非常详细的雇员民主参与制度。员工代表、企业委员会①等员工参与机构在裁员过程中具有重大作用。

---

① 根据法律规定，员工代表必须在雇佣 11 人以上的企业设立，企业委员会必须在雇佣 50 人以上的企业中建立。企业委员会有雇主代表和员工代表组成。

1. 解雇前的作用

这一作用首先表现在对解雇的预防方面。首先，法律要求，雇佣三百人以上的雇主每年都要用书面形式，告知企业委员会关于上一年度的岗位演变情况和下一年度岗位、职务、培训方面的措施（法律卷第 2323－56 条）。因此，每年的这种信息交流会上，劳资双方实际上都有关于岗位方面的讨论。其次，法定的年度性工资集体谈判时，不论是企业层面的还是行业层面的，也都会涉及到关于岗位的问题。最后，企业有任何重建、重组、减员的计划，都必须告知和咨询企业委员会（法律卷第 2323－15 条）。透过这些活动，员工代表们都能了解到企业工作岗位的情况，因此，对于裁员的发生具有一定的预防作用。

2. 解雇过程中的作用

员工代表、企业委员会在解雇过程中的作用，只涉及集体解雇。这里又因为集体解雇涉及雇员人数的多少而有所不同。

第一，在不足十人的集体解雇中的作用

如果在同一个连续三十天的时间内解雇 2－9 人，雇主必须听取企业委员会的意见，如果没有企业委员会，就得听取员工代表的意见。雇主应当先向企业委员会或者员工代表提供了关于解雇的理由、员工人数、计划解雇的人数、解雇涉及的岗位、确定解雇名单的标准和解雇的具体日期考虑等情况，然后咨询企业委员会或者员工代表的意见。这些程序的进行都必须有笔录。

虽然，企业委员会或者员工代表的意见对于解雇的决定做出没有制约力，但是，这一程序是必须遵守的，而且，缺乏对企业委员会或者员工代表的咨询的解雇属于不正当解雇，但是不属于无效解雇，被解雇的雇员有权得到不低于一个月毛工资的补偿金，这笔补偿金不影响他获得解雇的损害赔偿和解雇、预告期补偿金。

解雇名单确定的标准，是一个核心问题。对此，法律列举了以下应当考虑的因素，没有强制性规定（法律卷第 1233－5 条）：家庭负担、特别是单身家庭；工龄；再就业的难度（职业融入度），特别是残疾人、年长的雇员；职务或者职业资格。雇主应当考虑这些法定因素来确定解雇名单，但是，他也可以考虑别的因素，可以看中这样或者那样的因素。最终，法官在案件审理中会监督这些因素的应用情况，而且，雇主必须用客观理由说明他根据什么标准来确定解雇名单。

第二，在十人以上的集体解雇中的作用

如果在同一个连续三十天内解雇十人以上的，雇主告知和咨询企业委员会的程序就比较复杂，又因为涉及雇员的人数和企业雇佣人数的不同而有所不同。

一是，在不足五十人的企业中。不足五十人的企业中没有企业委员会，只有员工代表，雇主要在连续三十天时间内解雇十人以上，必须先召集所有的员工代表开会，告知他们所有关于打算裁员的信息，此后，员工代表要召开两次会议讨论，提出意见，这两次会议之间的间隔不得超过十四天（法律卷第1233－29条）。

二是，在超过五十人以上的企业中。雇主要在连续三十天时间内解雇十人以上，必须先召集企业委员会开会，告知关于裁员的打算，听取意见。雇主必须召集两次这样的咨询会议，而且企业委员会可以邀请会计专家一起参加这样的咨询会。在这一过程中，雇主还必须向企业委员会提交一份维持岗位的计划。企业委员会在两次的告知和咨询会中，得到了所有关于裁员涉及到的信息，并且可以得到会计专家的帮助，来了解企业经营方面的状况，讨论雇主的维持岗位计划，从而提出企业委员会的意见。

第三，在破产整顿和清算阶段的解雇中的作用

在破产整顿阶段，如果破产管理人在制订出整顿计划前，出于紧急需要，可以解雇，但是要事先得到破产事务法官的同意，也要事先告知和咨询企业委员会，没有企业委员会时要告知和咨询员工代表，不论解雇涉及人数多少，也不论企业人数多少，这一告知和咨询程序都不能少。破产管理人制订了整顿计划后，如果该计划预告了解雇事项的，他必须先告知和咨询企业委员会，没有企业委员会时要告知和咨询员工代表，听取和记录他们的意见，然后才能提交给商事法庭审批（法律卷第1233－58条）。

在破产清算阶段的解雇程序也是如此。

3. 违反告知和咨询程序的法律责任

雇主或者破产管理人、破产清算人违反上述关于告知和咨询企业委员会或者员工代表的程序，虽然不影响解雇的效力，但是解雇成为不正当解雇。为此，雇主要承担相应的民事和刑事责任。

民事责任上，法庭会判决雇主支付赔偿金，数额根据雇员所遭受的损失来计算。

刑事责任上，雇主或者破产管理人、破产清算人则被认为犯有阻碍企业委员会或者员工代表履行职务的轻罪。而且，在超过五十人的企业中，三十天内

连续解雇十人以上的，雇主违反上述告知和咨询程序的，还构成特别犯罪行为，要承担3750欧元的罚金（法律卷第1238－2条）。

三、告知劳动行政部门

1. 取消对裁员的行政批准

1975－1986年间，所有的经济性裁员，不论是个人的还是集体的，都要经过劳动行政部门批准。没有省劳动厅长的批准，企业不得裁员，这是很严厉、很僵化的一项规范。即使在这几年的实施期间，也不断地产生各种问题，例如，到底谁或者哪个部门更有权批准、如何行使监督、对于拒绝批准的行政决定的救济途径怎样有效，等等问题。这一制度不断受到非议和批评，以至于关于这一制度的讨论和争论，不再仅仅是法律问题，而且，也成为一个政治问题。取消行政批准已经成为一项政治活动的关键。① 于是，1986年7月3日和1986年12月30日的法律取消了对裁员的行政批准。

取消了裁员的行政批准，可以从以下方面分析其有利方面。

第一，明确了谁是解雇的真正决策人。行政批准制度给人们的印象是，劳动行政部门是解雇的最终决定者；而取消了行政批准，人们知道，解雇的决策者是雇主。

第二，争议处理上的分工更加清晰。取消了行政批准，不会再有针对裁员的行政决定不服的行政案件，行政法庭和行政法院的负担得到减轻，同时，裁员方面的案件就都集中到司法法院系统②，劳动争议一审法庭——劳资争议委员会（Conseil de prud'hommes）和上诉法院中的社会庭、最高法院社会庭则必须面临案件增多的局面。

2. 告知（备案）劳动行政部门

取消了行政批准，雇主在裁员过程中要根据具体情况，向劳动行政部门告知裁员信息。

如果裁员涉及某雇员个人，或者少于十人以上，告知程序就是事后告知、

---

① 关于取消对裁员行政批准的辩论，见V. J. Sportouche的《裁员中的限制和宽容》（Contrainte et tolérence dans le licenciement économique），载于《劳动法的灵活性：目标还是现实?》（La fléxibilité du droit du travail: objectif ou réalité?），1986年，立法和行政出版社（édition législation et administration）。

② 法国的司法系统分为行政法院系统和司法法院系统。前者负责行政方面的案件，有行政法庭、行政法院和最高行政法院（Conseil d'état），最高行政法院也同时是政府立法咨询机构。后者司法法院系统负责民事、刑事、商事、劳动和社会事务方面的案件，在劳动和商事一审法庭，都是特殊的专业法庭，由非职业法官组成。

备案。雇主必须在寄发解雇通知书后的八天内向省劳动厅长备案解雇情况。一方面可以让劳动行政部门统计裁员情况，另一方面，也是检查雇主是否遵守了解雇中的告知和咨询程序。雇主违反这一规定，没有告知和备案，要承担第四等级违警罪750欧元的罚金。

如果在三十天内裁员超过十人，雇主向劳动行政部门告知和备案的程序就非常复杂和详细。雇主必须在告知和咨询企业委员会的过程中，就开始向省劳动部门报告有关裁员的所有信息：第一次企业委员会会议讨论笔录要报告，解雇计划最早必须在第一次企业委员会开会后的第二天报告、同时也要报告雇主的维持岗位计划、第一次企业委员会会议笔录、第二次会议的日期、第二次企业委员会会议笔录、解雇计划在第二次企业委员会之后是否有变动，等等信息都要及时报告。在收到解雇计划后的最迟八天内，劳动部门可以向雇主指出没有收到雇主的维持岗位计划，催促其递交。这里报告解雇计划的日期非常重要，因为是从这个日期开始计算一定的期限，当该期限届满时，雇主才可以寄发解雇通知书。该期限根据解雇涉及人数不同而有所不同：解雇一百人以下时，三十天；解雇一百人至二百人时，四十五天；解雇二百人以上时，六十天（法律卷第1233－39条）。雇主违反此规定的，要受到较重的刑罚处罚（法律卷第1238－3条）：按照每解雇一人处罚金3750欧元计算。

劳动行政部门透过这些程序和信息的每次报告，来监督法定程序是否得到很好地遵守，如果省劳动部门发现程序上有违法行为，就拟订意见，向雇主指出，并且把该意见也传达给企业委员会，或者员工代表。这时雇主必须回复劳动部门的意见，并把回复意见也反馈给企业委员会或者员工代表。如果雇主报告给劳动行政部门答复意见的日期是在法定的寄发解雇通知书期限之后的（即上述的三十天、四十五天和六十天），那么寄发解雇通知书的日期必须往后推迟，最早从回复劳动行政意见之日起，才可以寄发解雇通知书。

从上述规定看，关于大规模裁员的行政告知备案程序规定得如此详细，是为了让劳动行政部门可以从程序上监督雇主，劳动行政部门虽然不能从实质上批准或者否决裁员计划，但是，至少督促了雇主要遵守程序，期望从程序合法的角度来监督雇主，至少使其在程序上不得滥用裁员的权利。此外，劳动行政部门在维持岗位的计划中也有些作为，因为维持岗位计划要具体确定安置的具体方案等内容，而该计划的落实需要劳动行政部门的参与和合作（法律卷第1233－63条）。

第三节　维持岗位计划

雇主进行经济性裁员的重要程序和工作是制定符合法律要求的维持岗位计划。法律对这一内容的要求，可以防止雇主滥用裁员的权力。

一、制定维持岗位计划的义务

法律规定，如果雇佣至少五十人的雇主，在连续三十天内解雇十人以上时，必须制定"维持就业岗位计划"（plan de sauvegarde de l'emploi）。这是2002年法律所要求的。实际上，"维持就业岗位计划"代替了1989年法律要求的"裁员安置计划"（plan social）。

二、维持岗位计划的内容

该计划的内容包括两部分，一部分是关于如何避免解雇或者尽可能减少解雇人数的措施；另一部分是关于解雇不可避免时如何促进被解雇人员的就业安置的措施。为此，维持岗位计划要具体规定企业内部或者外部安置方案、开创新的经营活动、培训、岗位转换、工时的缩减或者调整等等（法律卷第1233－62条）。

1. 维持岗位计划包括的具体措施

具体来说，维持岗位计划包括以下三个方面的具体措施：一是避免岗位被取消的措施，如缩短工时、降低奖金或者工资等；二是在岗位被取消情况下，如何避免解雇，如安排雇员退休、提前退休、改为非全日制工、无薪休假、自动离开、内部安置等等措施；三是解雇后如何促进被解雇人员再就业，如企业外部安置、培训、转岗、协助移民返回其国籍国、支持一些劳动力"蓄水池"机构开创新的活动、企业招聘时优先招聘被裁减人员。

最高法院认为，维持岗位计划所包括的措施不能是抽象的，必须是切实的，是确实能解决部分被裁减人员的安置的。如果雇主仍然有能力和可能避免裁员，那么，安置措施再详细，该计划也是不充分的。法律要求："维持岗位计划的合法性是根据企业所拥有的手段来判断的。"（法律卷第1233－62条）

对于维持岗位计划的行政监督是催交：在收到解雇计划后的最迟八天内，劳动部门可以向雇主指出没有收到雇主的维持岗位计划，但是，劳动行政部门的意见没有任何法律效果，只是催促其递交。

2. 促进安置和再就业措施

为了促进被裁减人员尽快得到就业安置，法律也规定了雇主可以采取的一

些促进措施。主要有三项重大的措施。

一是安置培训假（congé de reclassement）。

适用于雇佣一千人以上的大企业的被裁减人员。企业向被裁减人员建议安置培训假，目的在于使他们得到培训和提供协助其再就业的服务（法律卷第1233－71条）。企业可以在和被裁减人员面谈时建议和说明安置培训假，也可以在第一次企业委员会会议之后向相关的雇员说明。在解雇通知书中，雇主应当向被裁减人员建议这一假期。被裁减人员在收到解雇通知书后的八天内做出答复，明确表示接受或者拒绝，不做答复的视为拒绝（条例卷第1233－21条）。

安置培训假实际上是利用解雇预告期的时间，未培训即将被裁的雇员，只不过是这些即将被裁减人员不再履行劳动，而是进行培训和其他再就业活动。安置培训假从收到解雇通知书的第八天起开始，可以有4－9个月的期限，由雇主自主决定，得到被裁减雇员的同意后，可以降低到4个月。由于解雇通知书发出的日期开始计算解雇预告期，所以，安置培训假的期限实际上和解雇预告期有一段重合。在这段重合的期限内，雇员有权得到正常的月工资，如果安置培训假的期限超过了预告期，在超过的期限内，雇主也必须每月向雇员支付报酬，数额不得低于其月平均毛工资的65%（条例卷第1233－31条和第1233－32条）。

在安置培训假内，雇员就必须按照规定的内容进行活动。雇员有权享受职业培训，有权得到再就业协助组织的服务，这些活动的费用都由雇主承担。当然，雇员也承担义务，他不得随意停止参加这些活动。如果他停止参加这些活动，雇主会再书面地催促他继续参加，在催促之后，他仍然不参加活动，雇主就可以终止安置培训假（条例卷第1233－34条）。

从上述规定可以看出，安置培训假就是让企业花钱培训即将被裁减的人员，提高其职业能力，为他们离开企业后进入劳动力市场做准备。这对劳动者和国家来说是好事，是大企业参与分担裁员后再就业压力的有力措施。

二是轮流工作假（congé de mobilité）。

这也适用于雇佣一千人以上的大企业的被裁减人员，而且，企业还必须订立有关于岗位和职业能力预备性管理的集体协议。这样的企业可以向即将被裁减人员建议轮流工作假，目的在于使他们通过就业协助、培训活动和一定阶段的工作尽可能回到稳定的就业岗位上（法律卷第1233－77条）。企业向即将被裁减人员建议了这个假期，就不再向其推荐安置培训假了。

企业的集体协议具体要规定：轮流工作假期的期限、享受的条件、雇员接受这一假期的具体方法、工作阶段的组织和实施、假期结束的条件、培训和其他协助就业服务的开展、支付的津贴等内容。

轮流工作假也是利用解雇的预告期，接受的人员被免除履行这一预告期内的劳动义务，而是按照协议规定参加活动。具体期限由集体协议规定，如果轮流工作假的期限超过了解雇预告期，那么解雇预告期就相应地退后直到该假期期满。在这两个期限重合的期限内，雇员有权得到正常的月工资，如果轮流工作假的期限超过了预告期，在超过的期限内，雇主也必须每月按规定向雇员支付津贴。

在期限内，有工作的阶段，也有接受培训的阶段，也有接受再就业指导的阶段。被安排去工作的阶段，这个工作可能是企业内部的，也可能是企业外面的。在企业外面的，也就是去别的企业工作，可以通过订立固定期限劳动合同的方式确定，这时轮流工作假就暂停，等到该固定期限合同届满在接着履行下面剩下的期限。

三是个人化的职业安置协议（convention de reclassement personnalisé）。

这是 2005 年 1 月 18 日法律确定的、由劳资团体组织订立协议的方式来落实的、旨在帮助被解雇人员克服再就业困难的一项新制度。适用于雇佣一千人以下的企业。企业应当向被解雇员工推荐这一协议。它可以帮助被解雇人员在劳动合同解除后享受心理辅导、职业能力鉴定和职业方向指导，以及再就业的培训（法律卷第 1233 – 65 条）。

根据 2006 年 1 月 18 日全国性劳资团体达成的协议，其适用对象为 2 年工龄以上的被解雇人员。雇主应当在解雇面谈时，或者在第二次企业委员会会议或者员工代表会议后告知相关雇员，而且要书面的告知，从雇员收到书面告知开始的 14 天内，雇员可以考虑是否接受，并在该期限内将决定告知雇主。没有回复雇主的，视为拒绝。如果雇员接受这一个人化的协议，其劳动合同就因双方协商一致而终止（法律卷第 1233 – 67 条），雇员有权得到解雇补偿金，但是没有预告期和预告期补偿金。

如果雇主没有向享受对象推荐这一协议，就得承担向就业机构交付数额为雇员平均月工资两倍的款项（法律卷第 1235 – 16 条）。

在这一协议履行期限内，雇员处于职业培训的实习人员的地位，在此期间，他有权得到特别安置津贴，在最初的 91 天内是其日工资的 80%，之后是 70%，最长可以享受 8 个月。津贴由国家、企业共同出资资助、由特定机构管

理和发放。

三、维持岗位计划的制定程序和效力

该计划属于单方法律文件，只能由雇主单方制定，但是，在最终决定前，它必须接受企业委员会的讨论和意见。如果没有经过这一程序，法律规定解雇的程序无效（法律卷第 1235 – 10 条），而且，不仅该计划没有经过这一民主程序，导致程序无效，该计划中的安置方案如果内容不够详细和充分，司法判例认为也导致程序无效。

解雇程序无效的法律后果是什么呢？是否也导致解雇无效呢？对此，学界意见分歧。有些人认为程序无效不应当影响解雇的效力，而有些人则认为，程序无效应当带来解雇的无效。第二种意见似乎更加符合立法者追求的目标，因为，只有宣布解雇无效才能够保证法律规定的程序方面的义务的履行。

最高法院的意见在 1997 年 Samaritaine 一案的判决中明确表达了出来：没有具体详细的安置计划导致解雇程序无效，该无效也延伸到所有之后的行为，因此解雇无效。①

立法者的态度可以通过《劳动法典》法律卷第 1235 – 11 条推出：在解雇程序无效时，而解雇又实际发生时，法官可以要求重新进行解雇程序（实际无意义）、宣布解雇无效，并应被裁减人员的要求，判决雇主恢复其工作；如果被裁减人员未提出恢复工作请求，或者不可能恢复工作时（如企业关闭），法官就判决雇主承担向被裁减人员支付不低于其最近 12 个月工资的补偿金。即立法者也认为，由于缺乏安置计划或者安置计划不够详细导致的程序无效，也引起解雇无效。

四、维持岗位计划的法律性质和实施

1. 维持岗位计划的法律性质

该计划是雇主单方制定的法律文件，只能为雇主设定义务，不得为雇员设定新的义务，也不得剥夺雇员已经享有的权益。雇员可以拒绝相关措施，例如提前退休、变更岗位等。

雇主自主决定该计划中义务的范围。雇主对于计划中承担的义务、如何承担和承担的范围等，都能自主决定。例如，雇主以提供奖金为条件想让一部分

---

① 最高法院社会庭 1997 年 2 月 13 日的判决，《劳动法重大判例汇编》（Grands arrêts du droit du travail）达鲁兹出版社（Dalloz），2008 年第 4 版，第 110 号，第 513 页。

雇员主动离开岗位，那么他自己决定享受奖金的条件并载明在计划中；再如，雇主可以规定转为非全日制工和提前退休的条件。但是，雇主自主决定这些条件时，不得造成歧视，例如，不得规定非全日制工自动离开不享受奖金，而只有全日制工才享有；不得把提前退休或者自动离开企业的机会只规定给妇女。

雇主决定计划的有效期。雇主可以决定该计划是有期限的，也可以决定它是无期限的。但是，对于最高法院来说，这两种期限的计划对于雇主的约束力是不一样的。无期限的计划，雇主可以随时解除该计划，而有期限的计划必须履行到期限届满时。

2. 维持岗位计划的实施

一旦维持岗位计划在经过咨询企业委员会后由雇主最终决定后，就要开始落实。法官通过案件审理来监督其落实情况。

雇主要履行其在计划中规定的义务，如支付离职奖金、各种补偿金等等。如果雇主没有履行这些义务，雇员可以通过诉讼要求雇主履行其义务。如果雇主的义务是支付离职奖金等金钱性义务，法官可以判决雇主实际支付这些款项；如果雇主的义务是作为的义务而没有去做，如培训、转岗等作为义务，那么，法官可以判决雇主赔偿被裁减人员的损失。有一个案例，雇主没有把某些雇员由全日制工转为非全日制工从而避免裁员，法官判决雇主向每个被裁减人员支付相当于六个月工资的解雇补偿金。①

第四节　对因经济理由解雇的实质要件的监督

经济性裁员作为雇主解雇的形式之一，和因个人理由的解雇一样，也必须具备实质要件——“实际的和严肃的理由”，只不过，该理由的具体含义不同而已。

一、因经济理由解雇的实质要件

因经济理由解雇（裁员）的实质要件和因个人理由解雇的实质要件一样，法律都将之表述为要有“实际的和严肃的理由”（cause réelle et sérieuse）。“任何因经济理由的解雇都应当被实际的和严重的理由所证明。”（法律卷第1233－2条）

① 最高法院社会庭2000年6月6日的判决，《民法判例汇编第五卷》（Bull. civ. V）2000年第219号，《社会法判例杂志》（RJS）2000年第7－8期第786号。

法律卷第1233－3条对因经济理由解雇（裁员）的定义如下："因为一个或多个与雇员个人无关的理由、特别是因为经济困难或者技术工艺的改变，致使岗位被取消或被转换或引起劳动合同最基本因素的变更，而雇员拒绝接受这一变更时，雇主进行的解雇称为因为经济理由的解雇。"

从这一定义中，可以看出，法律所要求的裁员必须具有的"实际的和严肃的理由"就应当是这个定义表述的"岗位被取消或被转换或劳动合同最基本因素的变更"这些客观事实，以及造成这些客观事实的原因。这些原因在现实生活中是多种多样的，但是，法律提出了一条很重要的限定因素："与雇员个人无关的理由"。这一限定条件比上述法律定义中后面的原因"特别地由于经济困难或者技术工艺的改变"更加重要，因为，除了经济困难或者技术工艺的改变之外，还存在其他的原因造成"岗位被取消或被转换或引起劳动合同最基本因素的变更"的事实；而此外的其他原因都必须符合"与雇员个人无关的理由"这一限定条件。实践中，雇主在证明其有理由进行裁员时，一定会援引"岗位被取消或被转换或劳动合同最基本因素的变更"的客观事实，同时，找出引起这些事实的原因。但是，雇主援引的这些事实是否客观存在，以及举证的引起这些事实的理由是否符合上述定义中的条件，更进一步看，这些原因和那些事实之间是否是相关联的，这些都需要去监督和审查。

1986年以来，法律取消了对裁员的行政批准程序，对它的监督就只有通过案件进行的司法监督了。

二、对因经济理由解雇的实质要件的司法监督

法国劳动法对于裁员的监督不仅仅体现在复杂的程序上，而且也对解雇的实质要件进行监督。越来越多的雇员起诉雇主的裁员没有实际的和严肃的理由，要求赔偿损失。然而，对这类解雇实质要件进行司法监督，对于法官来说确实是件难事：因为，一方面不能没有监督，否则，裁员就会被雇主滥用；另一方面，监督又不能太严格、以至于让雇主丧失他认为对于企业发展来说最有利的机会。所以，监督到何种程度是合适的很值得费心思。近年来，最高法院通过一系列判决表明了态度，即处罚那些随意的裁员行为，同时避免对雇主的领导企业的权力造成不利影响。最高法院要求法官从三个方面来审理和监督裁员是否具有合法理由：一是审查是否存在引起裁员的客观事实；二是审查引起这些事实的原因；三是原因和事实之间是否存在因果关系。以下分述之。

1. 是否存在引起裁员的客观事实

根据法律卷第1233－3条明确的定义知道，引起雇主裁员的事实必须是

“岗位被取消或被转换或劳动合同最基本因素的变更”。雇主会为自己的解雇行为辩解，认为存在这些事实，然而，是否存在这样的事实，需要法官根据具体案情来审查。从众多司法判例来看，最高法院在认定解雇事实是否存在上，有以下几点值得指出。

首先，最高法院认为，审查是否存在“岗位被取消或被转换或劳动合同最基本因素的变更”，必须在企业的范围内来看待，甚至在企业内的一个机构的范围内来认定。最高法院社会庭认为，如果在里昂的一个机构的岗位由于该机构的关闭而转移到了其他城市，法官不能认为这里不存在岗位的取消；对此，最高法院的意见很清楚：如果一个机构关闭后转移到了其他地点，特别是转移到了国外，那么这个机构的岗位就是被取消了。①

其次，如何看待和判断岗位是否确实被取消了。司法判例认为，如果一个雇员被解雇，其岗位由另外订立了固定期限劳动后的雇员来做，这时，不存在岗位被取消，对其解雇属于不正当解雇，因为解雇没有“实际的和严肃的理由”；同样情形下，即使代替被解雇雇员从事其岗位工作的是一个非全日制工，这里也不存在岗位被取消的事实；但是，如果被解雇员工的工作任务被分散给了他的多个同事，或者由一名志愿者义务来做，这里就存在岗位被取消。② 如果被解雇雇员的岗位被分给了另一名雇员，而在该机构或者企业内，确实有一个或者多个同类岗位被取消，这时，对前面雇员的解雇又是按照裁员规定进行的，这时，最高法院认为存在岗位被取消。③

最后，判断劳动合同最基本要素是否变更方面，法官严格区分劳动合同的变更和劳动条件的变更。前者的变更是需要得到双方当事人同意的，有时劳动合同中也会有一些信息性的内容，这不属于最基本要素，是可以单方变更的，其中的最基本要素是劳动合同中的核心内容，必须得到双方的同意；而后者的变更是不需要得到雇员同意的。所以，如果存在劳动合同最基本要素的变更，而雇员拒绝变更，这时对其解雇就属于因经济理由的解雇（裁员）；而如果不存在劳动合同最基本要素的变更时，雇员拒绝接受变更，雇主对其解雇就属于

---

① 最高法院社会庭 1995 年 4 月 5 日 Societé Thomas Tubes 一案的判决，《劳动法重大案例汇编》达鲁兹出版社（Dalloz）2008 年第 4 版，第 114 号案例，第 525 页。

② 最高法院社会庭 1992 年 1 月 29 日、1992 年 10 月 7 日、1997 年 2 月 12 日的判决，《民法判例汇编第五卷》（Bull. civ. V）1992 年第 51 号、502 号、1997 年第 58 号。

③ 最高法院社会庭 1994 年 6 月 29 日的一个判决，《民法判例汇编第五卷》（Bull. civ. V）1994 年第 216 号。

因个人理由（过错）的解雇。当确定了劳动合同最基本要素改变的事实后，如岗位变更了，法官接下来还必须审查引起这一事实发生的原因是什么。

2. 引起解雇事实的原因及对其监督

法律卷第 1233－3 条关于因经济理由解雇（裁员）的定义中特别概括了引起解雇事实发生的原因："特别地由于经济困难或者技术工艺的改变，致使……，而雇员拒绝接受这一变更时，雇主进行的解雇称为因为经济理由的解雇。"这里特别强调的原因是经济困难或者技术工艺的改变。这两项是典型的原因。

首先要对这些典型的原因进行考察，看其是否存在。如何判断经济困难的存在？最高法院要求法官采取严厉的态度来审查这一问题，并提出：不能简单地从营业额的降低或者盈利的减少来判断，必须看经济困难的真实表现，雇主必须详细举证。例如，有个企业 1988 年一直是亏损的，一个雇员在 1989 年 1 月被解雇了，法官认为企业援引的经济困难并没有得到清楚的举证，所以，对该雇员的解雇不具有合法理由。① 最高法院虽然没有提供一个关于经济困难的定义，但是，明确指出了一些不属于经济困难的情形，营业额的下降或者盈利的减少不足以证明经济困难；为了降低人工成本来提高盈利的做法也不属于经济困难。例如，一个企业的劳动力成本比较高，但是企业仍有财力支撑这一工资待遇时，企业仅仅是为了降低劳动力成本而进行的解雇，最高法院认为不属于由于经济困难而取消岗位，解雇不具有合法理由。②

有时，经济困难状况确实存在，但是，也不一定证明解雇具有实际的严肃的理由。例如，一个企业解雇某一雇员时有经济困难的事实，但是在招聘该雇员时，企业就已经处于负债累累的状况了，这一解雇要归责于雇主的轻率招聘，所以就被认为不具有实际的严肃的理由。③

另外，最高法院还认为，对于经济困难的存在要从整个企业、甚至整个集团来看待，不能仅仅从涉及到的雇员所在的机构来看待，例如，不能仅仅从产品的某一个销售点销售结果不好来判断经济困难，因为该企业在同一城市内还

① 最高法院社会庭 1991 年 12 月 12 日的判决，载于《社会法判例杂志》（RJS）1991 年第 2 期第 134 号。

② 最高法院社会庭 1998 年 11 月 15 日的判决，载于《社会法判例杂志》（RJS）1999 年第 2 期第 177 号。

③ 最高法院社会庭 1992 年 2 月 26 日的判决，载于《社会法判例杂志》（RJS）1992 年第 4 期第 422 号。

有别的销售点；当企业整体上盈利水平尚好时，就不能因为某一个机构的重大损失就关闭该机构、裁员该机构的雇员，这时的裁员不具备经济困难这一法定裁员理由；如果一家企业属于一个集团，该集团经营状况良好，而这家企业处于经济困难，最高法院也不认为裁员所要求的经济困难存在。权威教授教材的学者们认为，最高法院的这一立场是值得商榷的。①

除了经济困难的原因外，还有很多原因都可以引起裁员事实的发生。这些其他原因中，有一个原因是最高法院通过一个典型案例确认的，这就是为了保护企业竞争力而进行的企业重组而裁员的案例。② 最高法院认为，只有当企业的竞争力处于危险转态，不得不对企业进行重组而导致岗位取消时，裁员才是符合法律的。

3. 经济困难等原因与裁员事实之间是否存在因果关系

由于经济困难等原因造成岗位被取消、转换或者劳动合同最根本因素的变更的情况下，雇主进行裁员，是合法有效的。学者们认为，这里需要两个因果关系的存在：一是在岗位被取消和解雇（裁员）之间的因果关系；二是经济困难等原因和岗位被取消、转换或者劳动合同最根本因素的变更之间的因果关系。③

第一，岗位被取消和解雇（裁员）之间的因果关系

这一因果关系要求，岗位取消的直接结果是解雇，而不是岗位取消后，对于某雇员还有别的办法让他继续在企业工作。即雇员的岗位被取消后就解雇他，就意味着雇主不能再为他提供任何岗位了，或者进行合同的变更了。基于这样因果关系的存在，法律就提出了雇主在解雇前的义务——重新调岗安置的义务（obligation de reclassement）（法律卷 1233 -4 条）。如果雇主已经履行了这样的义务，还是不能满足需要，此时毫无办法了，只能解雇。这一义务的提出首先是由司法判例提出的，后来被法律确认。

在 20 世纪 90 年代，最高法院就建立了很多这方面的判例。这些判例认为，雇员岗位被取消后，雇主必须要建议他调岗，不仅意味着和他原来岗位相

---

① 最高法院社会庭 1992 年 6 月 17 日和 25 日的判决，分别载于《民法判例汇编第五卷》（Bull. civ. V）1992 年第 403 号和第 420 号。Jean Pélissier，Antoine Lyon-Caen，Antoine Jeammaud，Emmanuel Dockès 著：《劳动法重大案例汇编》（Grands arrêts du droit du travail）达鲁兹出版社（Dalloz）2008 年第 4 版，第 114 号案例，第 532 页。

② 最高法院社会庭 1995 年 4 月 5 日的判决，载于《社会法》（Droit social）1995 年第 488 页。

③ Jean Pélissier，Alain Supiot，Antoine Jeammaud 著：《劳动法》，达鲁兹出版社 Dollez，2008 年，第 24 版，第 648 页。

当的岗位，也包括比其岗位要求低、工资低一些的岗位。[①] 雇员可以拒绝，但是，雇主不能忽略这一义务。如果雇主在解雇某个雇员前，没有向他建议调岗，那么，雇员可以起诉雇主的解雇没有合法理由，即没有实际的和严肃的理由。雇主完成这一义务的范围也是很宽的。不仅可以在本企业内建议和调岗，而且也包括在本集团内部范围内的调岗。

更进一步，最高法院认为调岗安置义务同时还意味着雇主要对雇员进行相应的、必要的培训，使之能够适应现有岗位的要求。相对于企业中或者集团内现有的、可以安排的岗位来说，如果雇员的职业能力达不到或者存在差距，雇主就要培训他。这实际上向雇主提出了更高的要求。当然，经过调查，只要在企业里还有和雇员的职业能力相当的空缺岗位时，最高法院就不会要求雇主履行培训的义务；而且，即使必要时需要培训，也只是适应性的普通培训，是在雇员已有能力的基础上帮助雇员补充一些职业能力而已，不是职业能力的完整培训以至于使雇员获得了超过其原有职业能力的程度。[②]

这些司法判例的结论已经被 2002 年 1 月 17 日的法律吸收，并已经编入《劳动法典》法律卷 1233 –4 条："对雇员进行因经济理由的解雇，只能在已经完成了所有的培训和适应努力之后、对于该雇员的安置再也不能在企业中、或者在企业所属的集团的其他企业中进行的时候。"

第二，经济困难等原因和岗位被取消、转换或者劳动合同最根本因素的变更之间的因果关系

要求这一因果关系的存在，就意味着经济困难等原因是岗位被取消、转换或者劳动合同最根本因素变更的直接后果，此外，不应该再存在别的原因。在别的原因中，雇主行为过错是主要的。这一因果关系的存在就要求排除雇主行为方面的过错对解雇的影响。

最高法院社会庭认为，雇主如果有行为上可指责的轻率（légèreté blamable），就不得援引是由于经济困难造成了岗位被取消等解雇事实。例如，前面提到的案例，解雇时雇主有经济困难，但是雇主在招聘该雇员时就已经处于经

---

① 最高法院社会庭 1992 年 4 月 8 日的判决，载于《社会法判例杂志》（RJS）1992 年第 5 期第 598 号。

② 最高法院社会庭 1998 年 2 月 17 日的判决，载于《社会法判例杂志》（RJS）1998 年第 4 期第 434 号。

济困难状态。[①] 在另一个判决中，最高法院认为，企业关闭如果不是由于雇主的行为过错或者可指责的轻率，就构成解雇的合法理由。[②] 通过这样的判决，最高法院实际上对于雇主行使指挥管理权力提出了一些限制。

但是，最高法院也并不允许法官对雇主的指挥管理权进行全面的监督，认为实体审法官不得对雇主的选择权进行监督。有一个典型案例[③]：企业委员会指定的财务专家报告指出三种企业重组方案可以保住企业竞争力，第一种方案要取消 86 个岗位，第二种方案是取消 213 个岗位，第三个方案是取消 318 个岗位，而只有第三种方案可以达到雇主预定目标。最后，雇主采取了第三种方案，于是，318 人被解雇。有 14 个人起诉到法庭，要求不正当解雇补偿金。该案的上诉法院认为，三种方案都可以保住企业竞争力，而企业缺乏保住岗位的意识，选择了解雇人数最多的第三种方案，超过了为要保住竞争力所必要的程度，因而，裁员不具有合法理由，应当支付被解雇雇员不正当解雇补偿金。企业又上诉到最高法院，最高法院认为，三种方案都可以保住企业竞争力，但是，一审和二审法院法官都不得监督雇主在可能的办法中选择哪一个，于是，最高法院撤销了上诉法院的判决，发回重审。编权威教材的学者认为，最高法院的这一意见是挺奇怪的。[④]

第五节　解雇通知和被解雇雇员的权利

在解雇通知书的寄发和被解雇后雇员的权利上，因个人理由的解雇和因经济理由的解雇有所相同，也有所不同。

一、通知解雇的规定

在通知解雇方面，因经济理由的解雇不同于因个人理由的解雇，有两点

---

① 最高法院社会庭 1992 年 2 月 26 日的判决，载于《社会法判例杂志》（RJS）1992 年第 4 期第 422 号。

② 最高法院社会庭 2001 年 1 月 16 日的判决，载于《民法判例汇编第五卷》（Bull. civ. V）2001 年第 10 号。

③ 最高法院社会庭 2000 年 12 月 8 日 SAT c. Coudière 案件，载于 Jean Pélissier，Antoine Lyon-Caen，Antoine Jeammaud，Emmanuel Dockès 著：《劳动法重大案例汇编》（Grands arrêts du droit du travail）达鲁兹出版社（Dalloz）2008 年第 4 版，第 115 号案例，第 527 页。

④ Jean Pélissier，Antoine Lyon-Caen，Antoine Jeammaud，Emmanuel Dockès 著：《劳动法重大案例汇编》（Grands arrêts du droit du travail）达鲁兹出版社（Dalloz）2008 年第 4 版，第 115 号案例，第 534 页。

不同。

一是解雇通知书寄发的期限不同。因个人理由的解雇和在三十天内解雇不足十人的因经济理由的解雇，从解雇面谈日期开始计算到解雇通知书发出日期之间不得少于7天，对于干部的解雇，这个期限还得延长到15天（法律卷第1233－15条）。在三十天内解雇超过十人的因经济理由的解雇，在解雇过程中，雇主必须向省劳动厅长递交解雇计划，这个日期开始计算解雇通知书可以发出的期限，该期限届满时，雇主才可以寄发解雇通知书，该期限根据解雇涉及人数不同有所不同：解雇一百人以下时，30天；解雇一百人至二百人时，45天；解雇二百人以上时，60天（法律卷第1233－39条）。解雇通知书寄发的期限越长，雇主对雇员承担的义务就越长。

二是解雇通知书的内容也有所不同。除了共同地都要明确解雇的理由外，因经济理由的解雇，解雇通知书中还必须包括两项内容。第一，通知被解雇员工有被该企业优先招聘的权利和具体方法（法律卷第1233－45条和第1233－42条）。第二，企业雇佣1000人以上时，通知被解雇员工可以享受安置培训假。在解雇通知书中，没有必要列举确定解雇名单的标准，如果雇员提出的话，可以列出，司法判例认为，如果雇主拒绝了雇员的这一要求，不影响解雇的效力，但是雇员因此可以要求赔偿损失。①

二、被解雇员工的权利

1. 解雇补偿金

解雇补偿金的数额，法律只规定一个最低额。从2008年6月25日的法律之后，因经济理由的解雇之下雇员的解雇补偿金和因个人理由解雇之下雇员的解雇补偿金完全相同。在此之前，因经济理由解雇之下雇员的解雇补偿金高于因个人理由解雇之下雇员的解雇补偿金，是其数额的二倍。

因个人理由解雇之下解雇补偿金的数额，依据雇员的毛工资计算，即以缴纳社会保险费用以前的工资全部为计算基数。解雇补偿金不得低于根据每年工龄折算为十分之一的月工资的办法计算出来的数额；对于十年以上工龄的雇员，另外还加发十年工龄以上年份的补偿金，从第十一年开始，每年工龄折算为十五分之一的月工资（《劳动法典》条例卷第1234－2条）。2008年6月25日法律以前，因经济理由解雇下雇员的解雇补偿金是上述规定数额的两倍。

---

① 最高法院社会庭1998年1月20日和2006年2月2日的判决，分别载于《社会法判例杂志》（RJS）1998年第3期第296号和《民法判例汇编第五卷》（Bull. civ. V）2006年第57号。

2. 优先被招聘的权利

因经济理由解雇之下的被解雇人员在一年时间内有优先被招聘的权利，从劳动合同被解除之日开始计算；为此，雇主要通知被解雇人员可能有的、与其职业资格相当的岗位，并通知员工代表，张贴岗位明细（法律卷第1233－45条）。

这是因个人理由解雇之下的被解雇人员所没有的一项权利。

此外，与因个人理由解雇之下的被解雇人员的权利相比，因经济理由解雇之下的被解雇人员还享有一些与再就业安置有关的权利（见上一节）。

第十四章

两类解雇中的共同规范

解雇制度中的一些内容同时适用于因个人理由的解雇和因经济理由的解雇。

第一节　解雇预告期

雇主在具有合法理由解雇雇员时，如果雇员的行为过错不属于严重过错（faute grave）和极为严重过错（faute lourde）时，雇主不得立即解除劳动合同，必须遵守一段时限才可以解除劳动合同，即必须提前一段时间通知雇员，这段时间就称为解雇预告期。我国《劳动合同法》第40条也规定了用人单位在劳动者不能胜任工作时的解雇预告期。

一、解雇预告期的确定方式

预告期适用于单方提出解除劳动合同的情形，如辞职、解雇、离开或者退休。当一方当事人提出解除劳动合同时，预告期有利于对方当事人进行必要的准备。

解雇预告期最初是由惯例确定的，后来，集体合同中开始规定，最后，法律进行了规定。1958年2月19日的法律规定解雇预告期最低是1个月。1967年7月15日法律把工龄2年以上的雇员的解雇预告期延长为2个月。集体合同规定预告期非常普遍，可以灵活适应各个行业的需要，也可以弥补法定预告期空白，因为法定预告期大多适应于工龄6个月以上的雇员。集体合同规定的预告期必须长于法定预告期，集体合同规定的预告期的效力高于惯例，即使惯例的预告期比集体合同规定的对雇员更有利。劳动合同很少涉及预告期，劳动合同不得约定辞职预告期，可以约定解雇预告期和退休预告期，但是要优于法定的预告期。

根据法律规定，在退休时，不论是雇主提出让雇员退休，还是雇员提出退休，这两种退休方式下，预告期没有区别。而对于解雇和辞职，法律则规定了不同期限的预告期。

二、享有解雇预告期的条件

享有解雇预告期必须具备两个条件：达到法定工龄、行为没有严重过错（faute grave）和极为严重过错（faute lourde）。

解雇预告期的长短根据雇员的工龄而定。不到6个月工龄的，不享有法定预告期，只有当集体合同/集体协议、企业惯例中有规定时，才享有。6个月－2年工龄的雇员，解雇预告期最少为1个月，2年以上工龄的，解雇预告期为2个月（法律卷第1234－1条）。

解雇预告期从雇员收到解雇通知书的日期开始计算（法律卷第1234－3条）。也有少数集体合同规定从收到解雇通知书的下个月第一天开始计算。但是，无论如何都不得从收到解雇通知书之前的日期开始计算。解雇预告期是一个固定期限，不发生中断，也不发生暂停。① 司法实践允许双方可以协商延长解雇预告期，但是必须明确无误地约定清楚。

如果解雇的理由是雇员的严重过错（faute grave），那么，该雇员不享有解雇预告期（法律卷第1234－1条）。

最高法院社会庭认为，“严重过错”是雇员严重违反劳动合同义务或者来自劳动关系的义务以至于在预告期内留住雇员成为不可能的一项或多项事实。② 过错是否属于严重过错，由最高法院决定，即使一审和二审的法官也不能最终决定某一个过错是否属于严重过错。而且，集体合同或者劳动合同或者规章制度中规定某些行为属于严重过错，这样的规定对法官无效，法官的判断不受这些规定或者约定的影响。这与我国实践中的做法完全不同。

最高法院认为，构成严重过错的行为必须是职业上的，雇员职业以外的行为过错，只有与企业活动的性质和功能相比不兼容时，才可以视为严重过错，一般情况下不构成严重过错。例如，保安公司派出去的雇员在工作时间之外偷窃客户企业的财产时，构成立即解雇的严重过错。③ 雇员个人私人生活方面的过错不能构成过错。

---

① Jean Pélissier, Alain Supiot, Antoine Jeammaud 著：《劳动法》，达鲁兹出版社 Dollez，2008 年，第24版，第660页。

② 最高法院1991年2月26日的判决，载《社会法判例杂志》（RJS）1991年第4期第448号。

③ 最高法院1991年11月20日的判决，载《社会法判例杂志》（RJS）1992年第1期第3号。

司法判例认为，雇员有极为严重过错（faute lourde）时，也不能享有解雇预告期，雇主有权立即解雇，而且也不能享受解雇补偿金和带薪休假补偿金。极为严重过错是指雇员有“破坏雇主或企业的故意行为”。①

三、解雇预告期的实施

解雇预告期具有双向性，对于雇主和雇员来说都既是权利也是义务，必须遵守。解雇预告期期满，劳动合同解除。

预告期内，劳动合同继续有效，双方继续履行劳动合同的义务，但是，双方也可以约定雇员不再劳动，或者雇主单方决定雇员不再劳动，雇员在预告期内不再劳动就等于免除了预告期。所以，预告期的落实，有两种方式：工作型的预告期和免除预告期。

1. 工作型的预告期（préavis travaillé）

即在解雇预告期内，雇员还要继续工作，继续履行劳动合同，如同该劳动合同没有发生任何变化一样。雇主不得在预告期内改变其岗位和其他劳动合同规定的基本要素，对于雇主改变的建议，雇员有权拒绝，而且可以停止工作，要求雇主赔偿，即发放剩下时间内的工资。如果属于劳动条件方面的变更，雇员应当接受，雇员拒绝接受的，雇主可以不支付预告期内的工资。

集体合同或者惯例常常允许在预告期内的雇员在工作时间内，每天享有一定的时间自由找工作。例如，有些集体合同、企业惯例规定雇员每天可以有2个小时的时间去找工作。雇员找工作的时间视为工作时间，计发工资。一旦找到工作后，雇员就不能再享有这段自由时间。

在预告期内，雇员可以提出辞职，但是，无权要求雇主支付任何补偿。雇主也可以在对该雇员进行解雇，特别是当这第二个解雇是因为雇员的重大过错时，就可以免去继续履行剩下的预告期，雇主可以立即解雇该雇员，但是还应当支付解雇补偿金。②

2. 免除预告期（préavis non travaillé）

免除了工作的预告期，就等于免除了预告期。但是，免除预告期，不能带来劳动合同终止日期提前的效果（法律卷第1234－4条）。免除的方式有两种。

一是基于单方免除预告期。雇主单方免除预告期的，要向雇员支付津贴、

① 最高法院1991年11月29日的判决，载《社会法》（droit social）1991年第2期，第107页。

② 最高法院社会庭2001年12月12日的判决，《社会法判例杂志》（RJS）2002年第169号。

数额相当于他在该期限内应得的工资（法律卷第1234－5条）。预告期是一个月的，免除预告期津贴是一个月的工资，预告期是二个月的，免除预告期津贴就是二个月的工资。法律卷第1234－5条还规定，免除了预告期，不带来减少工资和雇员既得的其他福利的后果，也不免除带薪休假津贴的发放。被免除了预告期的雇员就等于获得了自由，可以去找工作、做新的工作，但是，如果他与原来雇主订立了竞业限制条款的，他必须遵守，而且该条款就从他不再去原来雇主那里工作之日开始生效。

二是基于双方的协议。双方协商不再履行预告期了，等于双方解除了预告期对各自的约束，这时，雇主不需要向雇员支付免除预告期津贴。

四、违反解雇预告期的法律责任

1. 雇员违反解雇预告期，即雇员在预告期内没有履行劳动合同，没有提供要求的劳动。为此，雇员应当向雇主支付一笔补偿金，数额等于他在预告期内应得的工资。这笔补偿金是一个固定数额，不论雇主的损失大小都要支付。这一法律责任是由司法判例建立的，没有法律明文规定，在实践中，存在不同看法，正常来看，不履行合同，就要承担因此造成的实际损失。①

2. 雇主违反解雇预告期，即雇主反对雇员在预告期内工作、拒绝支付雇员在预告期内应得的工资和福利。为此，雇主应当向雇员支付预告期补偿金，数额相当于他在该期限内应得的毛工资。

第二节　解雇补偿金

解雇补偿金，实际上应称为“合法解雇补偿金”，是指在雇主有合法理由解雇雇员时，向雇员支付的一笔款项。法国法上有两种解雇补偿金：法定的和集体合同约定的解雇补偿金。

一、法定解雇补偿金

法定解雇补偿金只适用于无固定期限劳动合同。关于其法律性质，学界和实务界并没有什么讨论。最高法院一直认为，解雇补偿金不是已经提供的劳动的对价，不构成工资的组成部分，不计算为缴纳社会保险缴费基数内，也不计

① Jean Pélissier，Alain Supiot，Antoine Jeammaud 著：《劳动法》，达鲁兹出版社 Dollez，2008年，第24版，第669页。

收入所得税，可以和失业保险金同时享受。

享受解雇补偿金的条件之一是，雇员在被解雇之日有连续一年以上的工龄（2008 年 6 月 25 日的法律修改为一年，以前是两年）；条件之二是，雇员被合法地解雇，是因为有实际的和严肃的解雇理由即雇员有“严肃的过错”，而不是因为有严重过错和极为严重过错。

关于解雇补偿金的数额，法律只规定一个最低额，集体合同或者集体协议和劳动合同都可以约定增加。依据雇员的毛工资计算，即以缴纳社会保险费用以前的工资全部为计算基础。解雇补偿金不得低于每年工龄折算为十分之一的月工资的办法计算出来的数额；对于十年以上工龄的雇员，另外还加发十年工龄以上年份的补偿金，从第十一年开始，每年工龄折算为十五分之一的月工资（条例卷第 1234－2 条）。据此，有十年工龄的雇员被合法解雇后，才可以得到一个月工资数额的解雇补偿金。

可见，这笔补偿金数额整体上是水平较低的。由此看来，这笔解雇补偿金仅仅起一种安慰作用，把它看作慰籍金，更为合适。

二、约定解雇补偿金

法律允许集体合同或者集体协议、劳动合同约定计算比例更加优惠的解雇补偿金，可以约定取消法定的享受条件，如可以不要求工龄条件，还可以约定，即使雇员犯了严重过错，也可以享受解雇补偿金。这种约定的解雇补偿金也不属于工资的范畴，但是，不同于法定解雇补偿金，约定的解雇补偿金要交税、也要计算为缴纳社会保险费用的基数。如果产生争议，由法官判定雇主应当支付这笔补偿金的具体日期。

第三节　解雇后续事宜

劳动合同解除后，雇主和雇员之间还有一些证明和手续方面的事情要处理，以便了结双方在法律上的所有债权债务关系，以及劳动法上的雇主和雇员义务。

一、清账收据

雇主合法地解雇雇员后，要支付解雇补偿金，如果雇主还欠有工资、带薪休假补偿金等雇员应得的款项，也要在解雇时一并支付。此时，雇主要向雇员提供书面的、载明各个款项的签收单，雇员在上面签字，就证明雇主已经履行了支付所载款项的义务。这样一份由雇主提供的、雇员签收的单据就称为清账收据（recu pour sold de tout compte）。

作为收据，它具有证明作用，证明雇主向其支付了法律所规定的解雇有关的所有款项，例如，解雇补偿金、甚至还包括以前拖欠的工资，等等。由此，它还有另一项作用，就是解放了雇主，把雇主从对雇员的债务中完全释放出来，说明从此以后雇主再也不用对该雇员负有任何的债务了，雇员不得也没有理由再起诉雇主向其支付某某款项。

为了减少因此产生的争议，法律规定，清账收据应一式两份，由双方当事人签字，在签字后的六个月内，如果双方当事人都不对此表示异议和反悔，即产生最终效力，雇主就彻底从对雇员的债务中释放出来。

二、善后协议

善后协议（accord de transaction）是意译，法文字面含义是交易协议。善后协议是劳动合同双方当事人就合同解除已经或将要产生的相关问题进行处理而达成的协议。法律对此没有涉及，现有的规则完全是由司法判例来建立的。

第一，善后协议的有效要件。

在1953年5月18日的一个判决中，最高法院确认善后协议具有合法性，但是，也提出了有效条件。司法判例提出善后协议有效必须具备以下两个条件。

一是，善后协议的订立时间必须在劳动合同最终解除之后。

由于善后协议是为了解决劳动合同解除而产生的问题的，所以，它应当在劳动合同解除之后订立。如果劳动合同尚未解除，这时订立的善后协议就是无效的。因为法律卷第1231－4条规定：劳动合同双方当事人不得提前放弃法律关于解雇规定的适用。这是为了保护雇员利益而制定的，防止雇主利用雇员的劣势地位而提前要求雇员放弃法定的解雇方面的利益。善后协议在解除之前订立，客观上也会使雇员丧失法定的解雇方面的权益，所以，善后协议必须在劳动合同已经最终解除后订立，即在雇员收到解雇通知书后订立。

二是，善后协议内容必须在合法的前提下体现出双向的让与（concession récipoque）。

善后协议是对于解除劳动合同后的赔偿等问题的协商解决，如果违反法律规定，就是无效的，如果不能反映出双向的让步，也是无效的。例如，劳动合同因为雇员职业能力不能胜任以至于影响到企业活动而解除，雇主想通过向雇员提供一笔补偿金而了结这一事件，但是，法官经过审查，认为这既然不是因

为严重过错（faute grave）的解除，雇主就得依法遵守预告期和支付解雇补偿金，如果雇主没有遵守预告期，就必须支付预告期津贴；可是双方达成的和解协议规定的解雇补偿金和预告期津贴甚至低于法定标准，那么，这一善后协议既是违法的，也没有体现出雇主的让步。[①] 再如，一个雇主没有在解雇通知书中写明解雇的理由，这时解雇就被认定为没有"实际的和严肃的理由"，属于不当解雇；这时，当事人可以就解除劳动合同的事项协商解决，雇主提出用法定解雇补偿金的一半数额来赔偿雇员的损失，法官认为，这样的善后协议是无效的，只有当雇主在整体考虑到没有理由解雇雇员、雇员有权得到赔偿损失的基础上而给予雇员一笔补偿金的条件下，善后协议才是有效的。另外，最高法院认为，双向的让步不要求都是同样重要和平等的。

为了监督善后协议是否反映出双方的让步，法官必须先了解和确定解雇的理由，在此基础上，确定各方的权利和义务，以此来对照善后协议的内容是否符合要求。

第二，善后协议的内容。

善后协议的内容可以是多方面的，只要双方在合法前提下约定的都可以订立在协议中。其中对于雇员很重要的就是解除劳动合同的赔偿问题，一般表现为一笔补偿金。判例认为，这笔约定的、确定数额的款项，不作为计算社会保险缴费的基数。此外，双方还可以约定其他内容，例如，雇员可以要求雇主重新拟定一份解雇通知书或者解除通知书，省略解除的真实原因。雇主也可以此时要求雇员接受竞业限制。

第三，善后协议的法律后果。

善后协议有效订立后，具有最终既判力（l'autorité de la chose jugée en dernier ressort）的法律后果，即雇主和雇员之间的债权债务关系彻底了结，任何一方都失去了请求法院再审理其争议的可能。《法国民法典》第 2052 条明确规定："善后协议在当事人之间具有最终既判力。"

只有善后协议没有处理的事项还可以通过诉讼解决。因此，法官要首先审查善后协议的内容，以便确定哪些是可以受理的、哪些是不受理的。

三、工作证明等证明材料

劳动关系解除后，雇主对雇员还负有其他一些义务。

---

① 最高法院社会庭 1996 年 3 月 27 日 Societé Interlac 案例判决，载于 Jean Pélissier，Antoine Lyon-Caen，AntoineJeammaud，Emmanuel Dockès 著：《劳动法重大案例汇编》（Grand arrêts du droit du travail），达鲁兹出版社（Dalloz），2008 年第 4 版，第 119 号案例，第 549 页。

一是，提供工作证明（certificat de travail）。

雇主有义务向各类解除了劳动合同的雇员、劳动合同到期的雇员提供工作证明（法律卷第 1234 -9 条）。不论劳动关系基于何种原因而结束，雇主都有此义务。如果雇主拒绝提供，雇员可以提起诉讼。

工作证明的内容是由法律明文规定的（条例卷第 1234 -6 条）：雇员姓名和雇主姓名或者名称、雇员开始工作的日期和离开的日期、岗位及其性质、先后工作的岗位及其性质和日期。雇主不得在法定内容之外强加其他事项，特别禁止在工作证明中载明竞业限制事项，如果雇员没有同意将它写在工作证明上。

二是，提供经由劳动者向失业保险机构提交的证明材料。

这样一份证明材料要写明雇员在该企业工作的时间、工资状况和劳动关系解除或者终止的理由。关于解雇或终止劳动关系的理由，只需要说明是辞职、还是因为个人原因的解雇，还是因为经济原因的解雇这样的大类即可，不需要说明因为何种具体原因而解雇。雇主拒绝提供这样的证明，要承担刑法违警罪第五等级 1500 欧元的罚金（条例卷第 5429 -1 条）。

被解雇或者终止了劳动合同的雇员就可以持此证明，到失业保险管理机构去登记和领取失业保险金（辞职情况下，没有失业保险金）。

第十五章

无固定期限劳动合同的其他解除情形

雇主单方提出解除是无固定期限劳动合同解除的最常见、最主要的形式。此外，雇员个人也可以单方提出解除，即辞职。雇员退休和不可抗力也是无固定期限劳动合同解除原因。这与我国劳动合同的规定不同，我国《劳动合同法》把合同期限届满和合同主体消失或离开岗位作为劳动合同终止的情形，而法国劳动法上的合同终止只发生在固定期限劳动合同期限届满之时，对于无固定期限劳动合同，不存在终止的问题，都是解除的问题。

第一节　雇员单方解除劳动合同——辞职

雇员有权提出解除劳动合同，即提出辞职。雇员的辞职权利不同于雇主的解雇权力，雇员的辞职权利属于行使基本劳动权利——劳动权的方式，所以，雇主不得对其进行过分限制，也不得仅仅因为雇员的辞职行为而要求其承担损害赔偿。

一、辞职的定义和条件

法律并没有直接给出辞职的定义，但是间接地提到，辞职是“由雇员提出的劳动合同的解除。”司法判例则给出较为详细的定义，最高法院认为，“辞职是雇员以清晰的、不模糊的方式表达其了结劳动合同愿望的单方行为。”①实际上，学者们认为，这一定义也不够准确，因为并不是所有的雇员单方了结劳动合同的行为都是辞职，例如，单方了结劳动合同的行为还包括提出退休、因为雇主违法行为而提出解除劳动合同的行为（即被迫辞职），这些行

① 最高法院社会庭2007年5月9日的判决，《社会法判例杂志》（RJS）2007年第7期第823号。

为和辞职的法律后果都不同。[①] 为此，学者们提出了界定辞职的四个因素。

1. 必须是对无固定期限劳动合同的解除。

固定期限劳动合同一般情况下都得履行到期满，单方解除权受到严格限制；如果当事人在期限届满前违法了结劳动合同，就称为“提前撕毁合同”(rupture anticipée de contrat)，应当承担相应的法律责任（见第五章第四节)。

2. 必须是出于雇员个人单方的意愿。

辞职是雇员个人单方了结劳动合同的行为，区别双方当事人达成和议解除劳动合同的情形，也区别于出于雇主单方意愿而解除劳动合同的解雇行为。

3. 雇员了结劳动合同的意愿不得模棱两可。

在没有雇员清楚地表达了结劳动合同意愿的情形下，都不存在辞职，例如，病假后没来上班、提出休假遭到雇主拒绝时仍然没来上班、雇员开玩笑时说出要辞职，等等情形，都不能认定为辞职。

4. 雇员了结劳动合同的愿望完全是出于个人情况的考虑，而这一个人情况，雇员没有义务告诉雇主。

如果雇员提出了结劳动合同是为了获得退休金，那么这也不是辞职，而是“自愿离开”(départ volontaire)、“离开工作开始退休”(départ à la retraite)。如果是由于雇主的违法行为而了结劳动合同，则属于“被迫辞职”，也不同于辞职。

二、辞职无效的判断

一般法律行为的无效往往因为其目的不合法和意思表示不真实而引起，而对于辞职行为的无效来说，不存在目的不合法的问题，因为辞职是雇员的自由，辞职自由表达的是不再为某个特定人工作的自由，这是属于公共秩序(ordre public) 性质的个人自由。这也就是为什么法律对于辞职的规范和对于解雇的规范采取不同态度的原因所在，前者属于个人自由，后者属于权利，自由所处的位阶高于权利，对自由是要求国家尽可能不干预，而对于权利，国家则可以根据需要进行不同程度的干预。

因此，辞职的无效只能是因为个人意愿表达不清、不自由或者不真实而引起。例如，雇员被迫提出的辞职就是无效的。最新出现的造成雇员被迫提出辞职的情形是精神骚扰。雇员由于受到精神骚扰而提出的辞职也是无效的，因为

---

① Jean Pélissier, Alain Supiot, Antoine Jeammaud 著：《劳动法》，达鲁兹出版社 Dollez，2008 年，第 24 版，第 412 页。

法律卷第1152条明确规定："由于精神骚扰而引起的任何劳动合同解除都是无效的。"

无效辞职的法律后果是，就相当于没有任何行为发生一样，劳动合同不能被认定为解除，劳动合同继续有效。

三、对不属于辞职行为的重新界定

当雇员的单方了结劳动合同的行为不具备辞职的条件时，就不构成辞职。这时，该行为就被重新界定为其他的行为。例如，提出离开雇主开始享受退休时，就称为"离开工作开始退休"（départ à la retraite），就产生相应的法律后果。如果雇员是由于雇主违法而提出离开单位时，也不是辞职，而是"被迫解除"（或被迫辞职），视为非法解雇，产生非法解雇的法律后果。

四、辞职的自由与限制

法国劳动法学界普遍认为，雇员有辞职的自由，他可以在任何时候通过了结他认为不能承受的劳动关系而行使其自由，而且，他也不需要说明理由，只要明确无误地表达辞职的意愿就可以了。这是法国法关于雇员辞职制度建立的基础认识，而在我国的劳动法理论中，我们尚没有建立这样的共识。

当然，这一自由的行使也不是毫无限制的。这种限制首先来自法律的规定，即雇员不得滥用辞职的自由，损害雇主的利益。法律卷第1237-2条明确规定："雇员提出的无固定期限劳动合同的解除，如果属于滥用自由的话，雇员要因此对雇主承担赔偿损失的责任。"实践中，对于雇员滥用辞职自由的处罚较少出现，只有在雇员突然解除合同，在预告期补偿不足以弥补造成的损失时，或者雇员离开时的客观形势反映出雇员有重大过错时，才会判处雇员承担赔偿损失的责任，例如，在客户的服装展示当天模特突然离开、而且当天又针对其身材而做的服装展示；在季节活动的高峰时段，会计为了损害雇主利益，突然离开；雇员突然离开导致企业活动混乱，并且没有交换会计资料，等等。①

另外，对辞职自由的限制还可以来自合同的约定。当事人可以在劳动合同中约定，在某个具体日期前雇员不得辞职，否则要承担赔偿雇主为其支付的培训的费用。这种约定实际上就是培训条款。最高法院承认约定的培训条款的合

① 最高法院社会庭1959年6月19日、6月26日、1967年12月6日的判决，《达鲁兹》（Dalloz）1959年第513页、《民法判例第五卷》（bull. civ. V）1967年第646号。

法性，但是也要遵守三个条件：第一，雇主确实在法律或者集体合同规定的费用之外又花费了额外的培训费用；第二，雇员违反培训条款所承担的赔偿必须和其所受培训的费用成比例；第三，培训条款不得以剥夺雇员的辞职自由为结果。

最后，雇员有辞职的自由，但是不得立即了结劳动合同，必须遵守预告期（préavis），即必须提前一定时间告知雇主，并等待预告期期满，才可以离开雇主。预告期期满之日，就是劳动合同效力终止之日。

与解雇预告期不同，辞职的预告期不是由法律统一规定的①，通常由集体合同或者惯例加以规定。劳动合同中不得约定比法律、集体合同和惯例更长的预告期。如果法律上没有规定、集体合同和惯例中也都没有辞职预告期的规定，那么，雇员就可以立即辞职。

在预告期内，雇员还应当正常地履行劳动合同的义务，否则，雇主可以因为雇员的严重过错而提前结束预告期，从而提前消灭劳动合同的效力。如果雇员辞职没有遵守预告期，雇员要向雇主支付一笔惩罚金，数额等于他在预告期内工作应得的劳动报酬（缴纳社保以前的工资），该惩罚金是固定的，与雇主的损失无关。

第二节　双方协商解除劳动合同

协商解除劳动合同是合同法基本原理的应用，双方协商订立合同，也可以协商解除合同。但是对于劳动合同来说，协商解除对雇员存在不利因素，因为雇主会利用压力让雇员接受协商解除，从而支付低于法定标准的解除补偿金。而雇员，尽管知道雇主建议的协商解除可能对其不利，但是，为了避免将来漫长的解雇争议的司法程序，他可能倾向于接受雇主的建议，与其协商解除劳动合同。此时，协商解除实质上已经异化了。法国法通过法律，更多地是通过司法判例对于协商解除劳动合同，提出了一些规范。2008 年 1 月 11 日关于劳动力市场现代化的法律对于协商解除做了一些特别规定。新的《劳动法典》也把这些规范集中在一起进行了规定，在旧的《劳动法典》中，这方面的规定都是散落在不同的章节中，不便于实践中的有效利用。

① 法律只规定了特殊职业人员的辞职预告期，例如记者、农业、工人等，在《劳动法典》第八章特别规定部分。

一、协商解除的种类和合法性

协商解除分为雇主与普通雇员的协商解除、雇主与受保护雇员的协商解除两大类。

1. 雇主与普通雇员的协商解除

如果不涉及受保护雇员（salariés protégés）（特指员工代表、工会代表、企业委员会的雇员代表、劳动争议一审法庭雇员兼职法官），雇员和雇主双方达成一致协议，就可以解除无固定期限劳动合同。这种解除的协议是在劳动合同履行以后达成的，法律禁止在劳动合同订立时约定劳动合同因为某些事件的发生而自动解除的条款，即禁止当事人约定劳动合同终止条款，这是因为，这类条款使雇员提前放弃了关于解雇的法律适用，不利于保护雇员的利益。这一禁止性规定，在我国《劳动合同法》中也有所体现，是我国《劳动合同法》进步的一个表现。

这类解除协议可以是基于雇员个人原因而达成解除协议，也可以是针对因为经济性原因而达成的解除协议。

司法判例认为，解除协议和关于解决解除出现问题的善后协议（accord de transaction）是不同的法律文件，两者不得混在一起订立，否则，解除协议就是无效的，即在同一个法律文书中，双方同意解除了合同，同时也规定了解决由于解除可能带来的困难的处理规则，那么，这份协议就是无效的。因为善后协议必须是在合同解除之后进行的，针对解除后出现的问题而进行协商达成和解。

2. 雇主与受保护雇员的协商解除

雇主与受保护雇员（salariés protégés）（特指员工代表、工会代表等）的协商解除劳动合同的行为不具有合法性，因为这些雇员的解雇受到特别保护，雇主没有得到劳动监察官的同意不得解雇这些雇员。所以，协商解雇只有得到劳动监察官的同意才是合法的。

二、协商解除的程序、形式和批准程序

解除协议的签订必须经过一次或者多次的双方见面商谈才可以完成，在见面商谈中，雇主和雇员都可以自由选择一个人来陪同他，既可以是员工代表或者工会代表，也可以是普通的同事，只有当雇员选择了陪同的人选后，雇主才可以从员工中选择一个人来陪同他进行协商，但是，双方都不可以请律师来代表自己参加这样的协商。

协议达成后，双方要用书面形式订立，明确协商解除的条件、协商解除的补偿金、劳动合同解除的日期。协商解除补偿金不得低于法定的解雇补偿金、劳动合同解除的日期应当考虑到协议需要得到省劳动部门的批准的时间，所以日期不得早于批准的日期。

协议签订后，协议还没有生效，因为需要得到省劳动部门的批准。在协议签订后的十五天内，双方当事人还可以反悔，可以撤回协议，一方想要撤回协议的，就用信件的方式告诉对方，对方应当回复这一方收到撤回的信件和日期。一旦十五天期满，双方就没有反悔的可能，这时，解除协议就提交给省劳动部门来批准。

双方中的任何一方都可以向省劳动监察长提出批准的申请，批准的方式可以是明示的，也可以是默示的。省劳动监察长（directeur départemental du travail）应在收到申请后的十五日内地做出答复，省劳动监察长主要审查订立协议双方的意思表示是否真实和自由、是否遵守了程序要求。如果经过审查没有任何答复，就意味着批准得到通过。如果经过审查明确表示通过审查，就是明示方式的批准。如果申请未获批准，当事人不服省劳动监察长的否决结论，可以向处理劳动争议的一审法院提出诉讼。

三、协商解除的法律后果

协商解除协议一旦得到批准就产生效力，劳动合同就按照规定的日期终止。协商解除下，雇员有权得到一笔特殊的解除补偿金，其数额不得低于解雇补偿金。而且，这一特殊解除补偿金还享受免征收入所得税和免除社保缴费上的优惠。

第三节　雇员退休

在1987年以前，司法判例认为：没有任何法律或者法规规定一个年龄，从这一年龄出发，雇员必须强制性地离开工作而退休。由此，所有雇主提出让雇员退休的做法都被认为是解雇，雇员提出退休就等于辞职。后来出现过集体合同规定强制退休年龄的做法，一开始，司法判例不承认其合法性，后来才承认是合法的，把雇员提出退休和辞职区分开来，把雇主让雇员退休和解雇相区分。

1987年7月30日的法律建立了一项特别的关于退休的制度，将退休分为雇主提出退休和雇员提出退休两种情形，分别遵守不同的法律规则。

一、雇主强制让雇员退休

雇主强制让雇员退休（la mise à la retraite），即雇主把雇员放置于退休的位置。2003年以前，雇主可以让达到60岁的、能够享受全额退休金的雇员退休。但是，2003年8月21日的法律又推迟了这一年龄限制，除非在特殊情况下，雇主不得在雇员65岁前让其退休。即雇主强制雇员退休的年龄是65岁。这是雇主的权利，他也可以不行使这一权利，即使雇员已经达到或者超过65岁，也可以在雇员一达到65岁时立即就让其退休，即使该雇员的退休金还不是全额的。如果雇主违反这一规定而强制地让雇员退休，那么雇主的行为就视为无效解雇。

雇主强制雇员退休的决定不需要说明理由。雇主只需用书面形式说明劳动合同因为让雇员退休而终止，这一书面形式必须提供给雇员，否则，缺少这一书面形式，雇主的行为就被视为非法解雇。

雇主强制雇员退休的决定，如果针对普通雇员，则不需要特别的程序，如果涉及的是受保护的雇员（员工代表、工会代表等），则决定也需要得到劳动监察官的同意，否则，将视为无效解雇。

雇主强制雇员退休决定的做出也要遵守预告期，该期限长度和解雇的预告期一样。如果集体合同没有规定这一预告期，就参照集体合同中解雇的预告期执行。

此时，雇员也享有一笔补偿金，其数额也不得低于法定解雇补偿金，该补偿金免除缴纳社会保险相关费用、在一定数额内也免除收入所得税。

二、雇员主动退休

法律规定雇员一旦达到能够享受养老保险金的年龄就可以提出退休。对于工商业雇员年满60岁就可以提出退休，这个年龄与雇主强制雇员退休的年龄不同。提出退休是雇员的权利，年满60岁后，他也可以不提出退休继续工作。

雇员主动退休（le départ à la retraite），也可以享受一笔补偿金，这是雇员提出退休和提出辞职的不同。该补偿金的数额按照雇员工龄计算，每一年工龄计算为五分之一的月工资。这一补偿金的性质为工资性质。

法律规定，雇员提出退休也要遵守预告期，期限长度和和解雇的预告期一样。

第四节 不可抗力和司法解除

不可抗力和司法解除都是属于劳动合同当事人以外的力量带来的劳动合同解除。

一、不可抗力下的合同解除

无固定期限劳动合同因为不可抗力的出现而解除。《劳动法典》没有给不可抗力下定义，在判断是否是不可抗力时，最高法院社会庭的判例强调三个因素：第一，外在性，即与企业无关的事件；第二，不可预知性，雇主无法预知其发生的事件；第三，造成劳动合同绝对不可能履行的后果。飓风、战争、某些情形下的火灾可以构成不可抗力。

在不可抗力之下，劳动合同发生解除，如果不可抗力使雇主绝对失去了履行劳动合同的可能性时，雇主就被免去解除劳动合同的预告期，但要支付雇员预告期补偿金和解除合同补偿金。

二、司法解除

劳动合同的司法解除（résiliation judiciaire）是指劳动合同双方当事人都可以请求法院解除正在履行中的劳动合同。在劳动合同双方当事人都有权单方解除劳动合同的情况下，为什么还会出现司法解除的情形呢？为什么当事人还愿意选择通过几个月的诉讼来解除劳动合同呢？这听起来，确实很令人费解。

《劳动法典》没有规定这样的解除方式，但是，《民法典》第1184条对此做了规定："双务合同中，一方当事人不履行义务，应视为有合同解除的约定。此时，合同并不当然解除，一方当事人在对方根本没有履行义务时，有权选择，如合同仍有履行可能时，强制对方履行合同；或者请求解除合同并要求损害赔偿。解除合同，应向法院提出请求，法院视情况给予对方一个期限。"这一条确立了合同的司法解除权，本身就令人不易理解。① 根据这一规定，劳动合同双方当事人任何一方，在对方没有履行义务时，是可以请求法院解除劳动合同的。然而，最高法院对此做出了不同的答复。

关于雇主提出的司法解除劳动合同的态度。实践中，这种解除方式曾经主要适用于"受保护雇员"② 的劳动合同解除，因为，这些雇员的劳动合同解除

① 尹田：《法国现代合同法》，法律出版社，2009年3月，第2版，第406－408页。

② "受保护雇员"是指工会代表、员工代表、劳资争议委员会（特殊的一审法庭）的雇员法官。

需要得到劳动监察官的同意，如果劳动监察官拒绝，雇主就请求法官解除这些特殊雇员的劳动合同。20 世纪 70 年代，最高法院也曾经受理过雇主提出的解除普通雇员劳动合同的请求，甚至判决过劳动合同的解除，是基于雇员违反劳动合同义务、但是尚不构成严重过错的解除，剥夺了雇员预告期补偿金和解雇补偿金；而依照法律规定，在没有严重过错时，雇员应该享有预告期和解雇补偿金。[①] 这样的判决等于剥夺了雇员在被雇主直接解雇时应得的利益。显然，对于雇员是有害的。近些年来，最高法院的态度有了根本改变，明确拒绝受理雇主提出的解除劳动合同的请求，认为雇主应当针对雇员违反劳动合同的行为进行纪律处罚，直至解雇；“在享有单方解雇权利的时候，雇主提出司法解除劳动合同的请求不予受理。”[②] 这一态度表明了在劳动合同的解除上，限制了雇主来适用《民法典》第 1184 条的规定。

关于雇员提出的司法解除劳动合同的态度。雇员由于雇主没有履行劳动合同，而向法院提出解除劳动合同的请求，最高法院对此同意受理，而且，处理结果和不当解雇的法律后果相同——雇主要支付雇员不当解雇预告期补偿金、不当解雇补偿金（不低于近六个月工资），雇主还应当补偿失业保险机构发放的失业保险金。这样的处理结果和雇员在此情形下运用劳动合同单方解除权而产生的法律后果是完全相同的。

另外，最高法院强调，固定期限劳动合同不适用司法解除。

---

① 最高法院社会庭 1979 年 3 月 13 日的判决，《社会法》（Droit social）2001 年第 629 页。

② 最高法院社会庭 2001 年 1 月 31 日、4 月 3 日的判决，分别载于《民法判例第五卷》（bull. civ. V）1979 年第 306 号和《法律分类期刊》（JCP）1980 年第 II 部分第 19292 页。

参考资料

1. Jean Pélissier, Alain Supiot, Antoine Jeammaud, *Droit du travail*, 24e Dalloz, 2008

2. Jean-Emmanuel Ray, *Droit du travail*, *droit vivant*, édition Liaisons, 2008/2009

3. François Gaudu, *Droit du travail*, 2e Dalloz, 2007

4. François Gaudu, *Droit du travail*, 3e Dalloz, 2009

5. Jean-Morice Verdier, *Droit du travail*, Dalloz Mémento, 2007

6. Emmanuel Dochès, *Droit du travail*, L. G. D. J, 2008

7. Alain Supiot, *Droit du travail*, PUF, 2004

8. Jean-Pierre Chauchard (dir.), *La subordination dans le travail*, La documentation francaise, 2004

9. Jacques le Goff , *Du silence à la parole*, Presses universitaires Rennes, 2004

后 记

写作本书的想法产生于我国2007年制定《劳动合同法》的大环境之下。《劳动合同法》的制定和实施是我国社会经济生活中一件引发激烈争议的重大事件。这部法律的制定具有重大的社会进步意义，确立了劳动法具有社会法的属性，是对已经失去平衡的劳动关系的一次矫正尝试。但是，由于各种原因，这部立法也仍然有可待完善的地方。“他山之石，可以攻玉。”我国未来劳动合同立法的完善离不开对国外立法例的了解和借鉴，离不开对我国现实劳动关系的真切把握。

在我国的劳动法学科中，国外的立法资料介绍，特别是最新鲜的、现行的立法情况，十分匮乏，和学科发展的需要、和实践发展的需要相比，很不适应。

为了鼓励劳动法学界有更多的人介绍和研究国外劳动立法和劳动司法，为我国劳动立法和劳动司法提供基础性参考资料，本人根据前几年在巴黎第一大学攻读社会法博士学位期间积累的劳动法基础，抓住近年来每年去法国讲学的机会，在深入阅读法国现行权威教材和司法案例的基础上，写作了这本《法国劳动合同法概要》，对法国劳动合同立法和司法概况做一概览性介绍，目的在于为我国劳动立法、司法和科研的发展提供基础性资料。作为留法学人，本人也感到有责任介绍法国劳动法的情况，因为，毕竟国内熟练掌握法语的劳动法同行还很罕见。

由于时间匆忙和本人水平所限，书中难免有纰漏，敬请谅解和不吝指正。

感谢教育部高等学校社会科学发展研究中心组织的资助出版活动。也感谢出版社编辑的付出。

郑爱青

于人大明德法学楼

2009年9月7日